故纸生香系列丛书

王月华 著

中山大学出版社
·广州·

版权所有　翻版必究

图书在版编目（CIP）数据

先生 / 王月华著. — 广州：中山大学出版社, 2017.7
（故纸生香系列丛书 / 李婉芬主编，黄卓坚副主编）
ISBN 978-7-306-06079-2

Ⅰ. ①先… Ⅱ. ①王… Ⅲ. ①人物－生平事迹－中国 Ⅳ. ①K82

中国版本图书馆CIP数据核字（2017）第143679号

先生　XIANSHENG

出 版 人：徐　劲
策划编辑：王延红
责任编辑：王延红
封面设计：刘　犇
装帧设计：刘　犇
责任校对：张红艳　廉　锋
责任技编：黄少伟
出版发行：中山大学出版社
电　　话：编辑部 020-84111946，84111970，84111997，84110779
　　　　　发行部 020-84111998，84111981，84111160
地　　址：广州市新港西路135号
邮　　编：510275　　　　　传　真：020-84036565
网　　址：http://www.zsup.com.cn　E-mail:zdcbs@mail.sysu.edu.cn
印 刷 者：广州家联印刷有限公司
规　　格：850mm×1168mm　1/32　6.375 印张　148 千字
版次印次：2017 年 7 月第 1 版　　2017 年 7 月第 1 次印刷
定　　价：48.00 元

如发现本书因印装质量影响阅读，请与出版发行部联系调换

故纸生香系列丛书

主　编：李婉芬
副主编：黄卓坚

序

因为深爱 所以记得

月华是我的好友,曾经一起"为赋新词强说愁"的好友。她一个地道的外来姑娘,在长江边长大,至今说起"三秋桂子,十里荷花"的江南风光,仍是深情款款;后来,她又去北京上大学,短短四年学了一口京片子,在胡同口跟摇着蒲扇的大爷侃起大山来,居然能够以假乱真。

她是一个在哪里生活,都能想办法找出当地的可爱之处,然后尽情去享受的人。正因为太容易在生活里找到乐子了,所以她对赚钱一直不怎么上心,说得最多的一句话是:"赚钱是为了快乐,可我现在已经很快乐了,为什么还要去费力赚那么多钱呢?"当你看到她坐在珠江边的大排档里,一边慢悠悠吃着一大盘姜葱炒蟹,一边说着这样的话时,就会禁不住地羡慕妒嫉恨。

可这么一个善于从平常日子里找到快乐的姑娘,对广州的爱,却是特别真挚持久的。在广州生活多年后,她不止一次对我说:"你发现没有,不管什么地方的人,包括我自己,只要在广州住上一阵子,就会喜欢上这个地方,就算有一天离开了这里,也会念念不忘。广州不是一个让人第一眼就惊艳的地方,可它似乎有一种魔力,让人住得越久,就爱它越深,越舍不得离开它。倘若有机会,我一定要弄明白这是为什么。"

或许是上天回应了她的期待。四年前,她受广州日报委派,撰写"广州档案独家解密"专栏,从此"猫"进了广州国家档案馆,翻开一沓沓尘封的卷宗,还原这个城市的"前世今生"。最初,她还有些胆怯,说自己活脱脱成了一个在书山文海中四处乱钻、头晕目眩、可怜巴巴的小书虫;可当她慢慢定下神来,才发现自己其实是一只幸运的书虫。她发现自己开始跟活生生的历史细节相遇,透过一行行娟秀的蝇头小楷,一张张光谷陆离

1

的旧报纸，一份份行文儒雅的市政公报以及一本本为了加深理解而额外阅读的史学专著，她看到了这个城市活色生香的过往，感受到了广州生生不息的商业与文化传统，以及市井平民的生活热情。换言之，她感受到了这个城市的根。

她在故纸堆里钻得越深，对这个城市的理解就越深，而理解得越深，就爱得越真切。"爱是理解的女儿"，是她最喜欢的一句话。她说，透过这些尘封的史料，她看到了十三行的繁华和忧伤，那些行商的名字不再只是一个个符号，而是一个个活生生的人；看到了知识精英的坚韧和委屈，他们大多生前不曾闻达，死后亦多寂寞，但无怨无悔接续着岭南文化的薪火；看到了一个个为生计操劳的普通人，卖"飞机榄"的小贩嬉笑着走街串巷，黑色绸衣的自梳女三五成群走过骑楼街；珠江边的疍家小艇里，粥粉香味扑鼻，岸上，鸡蛋花开得正盛；她甚至听到了濠畔街的管弦、长堤的市声，感受到了西关大屋趟栊门后一缕悠长的阳光。

她说，经过这四年，她内心的问题慢慢有了答案，乍一看并不令人惊艳的广州，为何有一种说不出的魔力，让人慢慢爱上她？因为，这是一个既尊重传统，又不断吐故纳新的城市，是一个愿意包容每一个外来者的城市，是一座生生不息的"活"着的城市。于是，她把对这座城市的理解与眷恋，都密密织进文字里。四年来，她积攒下了近百万文字，用她自己的话来说，这是她写给广州这一座心爱之城的"情书"。如今，经过中山大学出版社的精心编辑，这封"情书"也呈现在你的面前了。如果你能安静心神，在灯下一页页翻阅，第二天清晨醒来，走在熟悉的街头，你也许会发现，看似寻常的每一道风景，都有了新的含义。

不过，我相信，月华对广州千年城市记忆的探索之旅才刚刚开始。期待她对这座城市的美好往昔有更深的挖掘和解读，持续探寻岭南文化真正生生不息的奥秘所在。

因为爱，所以记得，与月华共勉，也与读者共勉。

胡雪莲

2017年6月于康乐园

目　录

教育篇

嘉约翰：苦心孤诣四十年　为广州西医教育奠基 / 3

富马利：垃圾场旁建起中国第一座女医学堂 / 11

赖玛西：点亮盲童心里的光　创办华南第一所盲童学校 / 20

钟荣光：岭大首任华人校长　与蔡元培齐名 / 25

陈子褒：提倡白话文教育第一人 / 35

那夏理：四十年心血护"真光" / 41

陈炳权：借来五百银元　办出一所大学 / 49

何剑吴：为体育教育奠基　离世只有学生送行 / 56

黄　节：大学者写乡土教材　启蒙小娃爱南粤 / 64

金曾澄：温玉君子甘当高师"奶娘" / 70

卢乃潼：化缘十年办起中医学堂 / 76

梁鼎芬：首掌广雅　冠冕楼雄踞岭南 / 82

阮　元：创办学海堂　促广州学术崛起 / 89

悬壶篇

陈正复：以育儿百科传世的道士 / 99

陈珍阁："潜伏"海外学解剖 / 104

邱　熺：引进牛痘　征服天花的"落榜生" / 110

曾天治：针灸先驱　飞针穿纸苦练救人术 / 117

科技篇

李明彻：爱星空　更爱岭南百姓 / 125

邹伯奇：苦并快乐着的晚清科学达人 / 132

李任重：首造显微镜的"文科生" / 139

谢缵泰：中国飞艇设计第一人 / 144

陈焕镛：爱背莎士比亚的植物学家 / 149

其他篇

屈大均：十年心血　熬出岭南百科 / 159

梁庭枬：徘徊于古典与新知之间 / 165

杜定友：一生痴恋图书馆 / 171

廖崇真：为改良粤丝倾尽心血 / 177

罗文干：助建中国第一个法医研究所 / 183

夏同龢：自费东渡留学　点燃法治薪火 / 188

教育篇

浩荡离愁白日斜,吟鞭东指即天涯。
落红不是无情物,化作春泥更护花。

——清·龚自珍《己亥杂诗》

他在广州创办了中国第一所西医院、第一所西医学堂和第一所西医精神病院。他孜孜不倦数十载，诊治了近百万个病人，做了近3万例手术，翻译了数十种医学典籍，培养了150多个本土西医人才，直至"跑完了当跑的路，打完了那美好的仗"。

嘉约翰：
苦心孤诣四十年 为广州西医教育奠基

1898年2月一个寒冷的清晨，一个年已七旬的老者带着两个精神病人，登上一叶扁舟，准备去往珠江对岸。在他身后，矗立着博济医院的几栋建筑，他在这里耗费了40多年的心血，终于打造出一座被公认为"中国新医学发达之始源"的著名医院。在江对岸，经他多年奔走筹资才建起来的小楼正静静等待着主人过江而来，他将在这里创办广州乃至中国第一座现代意义上的精神病院。

光阴荏苒，他在而立之年从美国远渡重洋，来到广州，行医数十载，诊治了近百万个病人，做了近3万例手术，翻译了数十种医学典籍，培养了150多个本土西医人才，到此时已是白发丛生，但他依然要去为新生的精神病院奔忙，因为"该跑的路还没有跑完"。

时隔百年之后，今天能够想起他的人已经不多了，但我想请你跟我一起记得他——广州西医学教育的奠基人嘉约翰。

治病：
年诊万余人　外科手术开先河

翻阅多名历史学者对嘉约翰医生的著述，关于他来华之前的经历，都几乎只有寥寥几句："嘉约翰，来华传教士，1824年出生于美国俄亥俄州邓肯维尔，1847年毕业于美国著名医学院——杰斐逊医学院，之后在美国行医7年。"而关于他来到广州的动因，也只不过短短一行，据说他年轻时偶有机会听人讲起中国缺医少药的情形，就立下了远渡重洋的志向。1854年5月，他带着新婚妻子乘船抵达广州，开始行医传教生涯。

资料里的文字总是客观而洗练的，可背后的辛劳乃至磨难却可以说很久。抵达广州后不到半年，嘉约翰接管了由美国传教士伯驾在穗创办的第一家西医馆——广州眼科医局。在他主持眼科医局的最初两年间，医院接诊了近5万名病人，病人如此之多，医生却只有寥寥几个，其工作强度用"惊人"二字来形容一点也不夸张。超负荷工作的同时，嘉约翰还失去了新婚妻子——因为水土不服，早早病逝于澳门。之后不久，眼科医院又在"十三行大火"中被付之一炬，外国医生纷纷避走，嘉约翰也不得不带着重病的幼儿回到美国。我很难去体会嘉约翰医生当时的心情，那真像是"一切回到了原点，除了一颗伤痕累累的心"。

1858年10月，嘉约翰带着辗转筹款购得的一批医疗仪器，再次回到广州。1859年1月，他在城南增沙街一栋两层民舍前挂起了"博济医院"的牌子。草创之初的博济医院十分简陋，病房不过五六间，每年接诊的病人却总会过万，其中有一大半是穷人。贫苦患者纷至沓来，一来是因为嘉约翰医术高明，白内障、腹腔积水、息肉、结石之类让中医束手无策的"疑难杂症"，在这里做个手术就能解决；二来是因为看病免费，嘉约翰有时甚至还会倒贴"补助"，为此常常把教会开给他的薪水搭了进去。

"蜗居"在增沙民居的数年间，嘉约翰始终在为博济医院的"扩容升级"而努力，为此不得不挤出时间去四处筹款。1866年，他终于筹得足够资金，在珠江北岸盖起了一栋拥有100多个床位的病房楼，让博济医院搬入"新家"，1867年又盖起了门诊部和药房室，一所综合性的现代医院初见雏形。根据相关学者的研究，在嘉约翰的主持下，至1874年博济医院光结石手术就做了数百例，此外，林林总总的肿瘤切除手术也几乎都在国内开了先河，当时的报纸因而将博济医院称为"中国新医学发达之始源"。

数字读来总是有些枯燥，但如果你能够静下心来，将自己放在100多年前的情境下细细体会嘉约翰医生为之付出的辛劳，你大概也会同意，这些看似简单的数字和精短的文字，实在是"字字看来皆是血，半生辛苦不平常"。

育人：
译书数十卷　成就医学教育里程碑

据资料记载，早在"蜗居"增沙民舍之时，嘉约翰就在筹划培养本土的西医人才了。1866年，医院甫一搬入新址，医学班旋即开办，用嘉约翰自己的话来说，他希望这个医学班是"一所医科学校的胚芽，在未来岁月中要把它的学生送到各个地方"，因为他相信"学习治病救人技术的机会，将会与治病救人的技术本身一样受欢迎"。

草创之初的医学班规模很小，连续几年每年都只有十多个学生，但课程设置颇为精心。在为期3年的学习期限中，学生可以系统地学习药物学、化学、微生物学、解剖学、内科学和外科学，这几乎涵盖了美国医学院讲授的全部课程。当时，像这样系统教授现代医学知识的学习班，在全国都很难找到第二家，是名副其实的"星星之火"。

我不知道你能否想象出一个小小的课堂，十来个学生围绕着自己敬爱的老师，听他将之前闻所未闻的知识娓娓道来，再跟着他一点点发现这些知识对于治病救人的用处，内心会泛起怎样的好奇与喜悦，而在我看来，这个小小的课堂完全当得起"大学者，非有大楼之谓，有大师之谓也"的名言。

嘉约翰普及现代医学教育的殷切心情，还可以从他翻译的医学著作数量中一窥端倪。为了让本土学生有教材可用，仅1871—1873年短短3年间，他就编译出版了《西药略释》《眼科撮要》《割症全书》（今天译为《外科手

嘉约翰医生肖像

清末传教士嘉约翰等人与广州职员合影

术手册》）、《化学初阶》《内科阐微》等近十部大部头，覆盖范围之广，实在令人惊叹。设想一下他为翻译这些大部头所投入的精力，再对比一下他每天几乎要做好几台手术的工作日程，你会觉得这位老先生简直是个"超人"。

"超人"当然不存在，他不过是对萌芽中的医学教育倾注了全部深情而已。其后数十年间，博济医校走出了张竹君、梁晓初、叶芳圃、梁培基等多位名医，培养了一大批悬壶济世、足迹遍布岭南的本土医生，所有这些都是对这份深情最自然的回报。

救心：
创惠爱医院　开精神病治疗之滥觞

从1854年抵穗接管广州眼科医局（被视为博济医院的前身）开始，到1899年辞职，嘉约翰为这所医院耗费了40多年的心血，诊治了将近80万个病人，做了近3万例手术，培养了150多名本土西医人才。我不揣冒昧，觉得他多半是像爱着自己的生命一样爱着这个地方的，那么，他为什么要在年已七旬的时候转身离开呢？

他离开的目的是为了创办广州乃至全国第一所西医精神病院。根据学者王芳的研究，早在1872年，嘉约翰就呼吁在广州建立一所精神病院，在多年的行医生涯中，他看到大量精神病人被族人用铁链紧锁，其苦万状，又有很多人"或投河或上吊"，自己"作为一名医生却不能施救"，内心无比遗憾，他呼吁对精神病人施以温和的治疗，而不是像"对待野兽一样对待他们"。此后20多年间，他从未放下这个愿望。

令嘉约翰遗憾的是，在博济医院创办时慷慨解囊的美国同道与中国绅商对精神病院都不感兴趣，广州传道会甚至对他"心有旁骛"颇为不满，因此筹款长期几无进展。1892年，年近七旬的他再也不愿等待下去，用自己的积蓄在白鹅潭附近购得了一块土地；3年之后他又筹到了一笔款，在这里盖起了一栋小楼；此后他又等了3年，1898年2月，一叶扁舟将这位年过七旬的老者与受他救治的两名精神病人载过珠江，广州乃至全国第一所现代意义上的精神病院——惠爱医院（即广州脑科医院的前身）才得以成立。

1899年1月，嘉约翰正式从博济医院辞职，全力投入惠爱医院的工作，之后两年间，医院先后诊治了150多名精神病人。优美的自然环境和热水浴、户外活动等温和的治疗手段将他们"从巫术符咒的迷雾中解救了出来"，不少人的心智得以恢复正常。遗憾的是，嘉约翰没能照顾他们更长时间，1901年8月，他在广州因病辞世，最终没能返回故园。

据说，在他下葬的时候，成千上万的普通百姓自发为他送行；而在100多年之后的今天，还有人因为其墓碑一度过于简陋而痛哭失声。这位为广州的现代医学事业耗尽一生心血的异国老者如果天上有知，或许能从这样的哭声中得到一些慰藉，因为毕竟在今天还有人记得他。

而他本来就该被我们一直铭记。

100多年前,她在西关一座垃圾场旁办起了中国第一所女医学堂,最初只有5名学生。她像抚养婴儿一样细心呵护着这个学校,之后的30年间,夏葛女医培养出了近300名女医生,并成为全国仅有的两所甲等医学院之一。她用一生诠释了什么是真正的高贵优雅,晚年安安静静回到故乡,安息于帕萨迪纳的农场。

富马利:
垃圾场旁建中国第一所女医学堂

"大多数女性的无知、羞怯和与世隔离,为女医生在中国开启了一个广阔的领域……"美国女传教士富马利写下的这段话,为她在广州创立了中国第一所女子西医学堂——夏葛女医的动机提供了最佳注脚。

女医学堂草创之初,栖身于垃圾场旁的一所逼仄房舍内,不远处,有猪在泥地里翻滚,有农户的鸡啼鸭鸣。医学堂的首届毕业生只有两人,此后几年,每年也只有寥寥数人毕业。富马利像呵护婴儿一样呵护着新生的女医学堂。夏葛女医坚持了下来,并在之后的30多年间培养出近300名女医生。

萌发初衷：产妇忌医 回天无力

对富马利产生兴趣后，我翻阅了大量资料，但找不到一本较为完整的传记。维基百科上的介绍只有短短几行字，说她出生于美国俄亥俄州，1877年获硕士学位，1880年进入宾夕法尼亚女子医学院，获医学博士学位。1884年，富马利受美国长老会派遣，来到广州传教，她的哥哥富利淳则已在4年前来到广州。在夏葛女医筚路蓝缕的创立过程中，除了富马利的全心投入外，富利淳也四处奔走筹款，功不可没，这是后话。

富马利到达广州时，这里只有博济医院算得上是设施较为完备的西医院，由著名传教士医生嘉约翰主持。富马利很快投身于博济医院的工作中，成为嘉约翰医生的得力助手之一，并从1897年起担任医院妇孺病房的负责人。博济医院妇孺病房是广州最早的妇产科，在这里的工作经历让富马利越来越痛感本地产妇需要更多的女医生。

当时，由于传统接生技术的落后，新生儿死亡率高达50%～70%，产妇也常难逃"鬼门关"，所以广州才有一句俗语，"生仔如见阎罗王——隔张纸"。博济医院虽然医术先进，但男女医生同处，"授受不亲"的戒律使本地产妇大多对其避之不及，被送到医院的产妇往往已是难产数日，奄奄一息。很多时候，富马利也是回天乏术，只能看着病人命赴黄泉。

我没能找到富马利描述自己心情的片言只字，但嘉约翰医生曾写下一篇日记，记载了他竭力抢救濒危产妇，最

1907年,夏葛女医的毕业生合影

1917年夏葛女医学校毕业生

清末由美国医生富马利开办的广东女子医学校是中国第一所女子专科学校

终无力回天的经历。字里行间透出的无奈，或可为富马利创办女医学堂的初衷做一个注脚。

嘉约翰医生写道："她（产妇）痛了已经有8天，说着胡话，体内胎儿的头骨已被接生婆弄破，而钳子滑脱了，我不得不打开头部，用钩子把胎儿拔出来……她体内的东西开始腐败，散发出极其难闻的气味，那种恶心的场面难以用语言形容，但是已经太晚了……几乎每一年都有这样的病例发生，做手术的唯一作用是向人们展示，我们有一套方法能够解决问题，如果及时来找我们的话，很多时候可以保住母亲的性命，有时母子都可以平安。"

学堂初立：西郊安身 女徒寥寥

早在1866年，嘉约翰医生就在博济医院内创办了一所医学堂，培训西医人才，称为博济医校。之后10多年，医校没有招过一个女学生，直到1879年，应真光女校毕业生的要求，才接纳了其中两个女孩子入读。

1899年，医校女生增至5人。就在这一年，嘉约翰医生在芳村着手创办精神病院，医校里的男生都跟随他去了芳村。富马利承担起了教授这5个女生的责任，她带着她们在西关存善大街施医赠药，有空就为她们讲授医学课程。在存善大街，富马利接触到了更多的本地妇女，对方"病死事小，看了男医生失节事大"的守旧观念既让她深感无奈，也坚定了她办好女医学堂的心愿。1900年，义和团运动爆发，师徒几人暂避澳门，其间身体柔弱的富马利受到哮喘困扰，但并未停止教学。师徒几人在乱世中抱团取暖，"广东女医学堂"的落实计划渐渐清晰。

时隔百多年,我读着这些资料的时候,脑海里总是会浮现出一个画面:一个小屋之内,几个沉静柔弱的女子在昏黄烛火下伏案阅读,喁喁低语,切磋学问。我觉得,这个小屋是一所名副其实的大学,因为没有什么比这个画面更能体现大学的本质:真心求知,教学相长,为的是呵护生命。

义和团运动渐渐平息后,富马利带着学生回到广州。这时,她的哥哥富利淳在逢源街做牧师,有一座小小的礼拜堂。富马利带着几个徒弟暂时安身在礼拜堂内,礼拜堂一楼有两个会客室,一间作教室,一间作学生宿舍;另外还有3个小房间,一间给本地妇女看病,一间用作药房,另外一间用作医生休息室。授课、看病两不误的"广东女医学堂"就这样初步成形。不久,病人越来越多,逼仄的小礼拜堂根本不够用,学生常常要把宿舍腾给病人住。

富马利拿着诊病所得的约2500美元资金,开始为女医学堂另找地方。她最终在逢源西街一处开阔之地买下一块地皮,盖了一栋房子,共有3个房间,一间看病,一间上课,还有一间用作学生宿舍。当时的逢源西街位于西郊,卫生环境甚为糟糕。医学堂东面是一座垃圾场;北面是一条臭水沟,不远处有上百头猪在泥地里乱滚,还常能听到农户家里的鸡啼鸭鸣;西面是一间染房;后面则是一座兵营,操练声响个不停。

渐成大器：夏葛女医　悬壶济世

逢源西街的房屋落成之后，富马利带着几个徒弟在此诊病授课，她的哥哥富利淳则返回美国，为建设一所真正的妇孺医院四处奔走筹款。

富利淳最后从纽约布鲁克林的拉斐得教会筹得3000美元资金，随即返穗。兄妹俩就用这笔钱在第一栋建筑附近盖起一座3层小楼。富马利把宿舍转移到这里的三楼，二楼设为住院部，底层是餐室和浴室，原来的房屋仍为课室和门诊部。至此，富马利的医学堂和医院终于像模像样了。这便是赫赫有名的柔济女医。

1901年4月23日，医学堂和医院举行开业典礼。美国驻广州领事、南海县令、番禺县令、广雅书院院长等一大批社会名流都出席了庆典。他们对医院内的铁架床、白床单以及良好的照明通风设施赞不绝口。不过，只有富氏兄妹心里知道，这一切来得甚为艰辛。1902年，美国印第安纳州的夏葛先生捐资4000美元，再建数栋楼房，学校随即被命名为夏葛女医学堂。

1902年，富马利最初的5名女徒中，有两个人达到了毕业要求，成为夏葛女医学堂的首届毕业生。1904年，另外的3人也毕业了。她们的名字都很好听，以至于我禁不住想写下来：苏恩爱、黄雪贞、罗秀云、梁友慈、张星佩。这几个美慧的女子，也是夏葛女医学堂1904年之前仅有的毕业生。虽然最初每届都只有寥寥几个学生毕业，但夏葛女医学堂的影响力仍在逐步扩大,前来报考的女孩子也渐渐增多。到1910年,在校女生增加到40多人,教员也增加到10人。

富马利除身兼妇科、儿科和产科方面的教学外,还带着学生在柔济女医接诊了大量病人。1910年,柔济女医有300多名住院病人,产科方面已能实施产钳助产术、死胎穿颅术、臀位牵引助产术等多种手术;到1914年,住院病人又增至600多人。此外,到1915年为止,富马利还翻译了7种英文医学教科书。

1915年,年过五旬的富马利离开广州,旅居上海,专心从事医学书籍的翻译工作。其时,夏葛女医学堂的教员里,有8名美国医学博士、1名哲学博士,教学阵容十分强大。我并不真正清楚富马利离开夏葛女医时的心情,但可以合理推测,她也许只是想要休息,再说,这个被她当婴儿一样呵护的女医学堂已渐渐长成,她可以略略放心。

1917年,富马利回到加利福尼亚帕萨迪纳的农场,归隐田园。1927年1月8日,她因病辞世,终年65岁。这个女子用一生诠释了什么是真正的沉静优雅,当她辞世的时候,夏葛女医学堂已更名为夏葛医科大学,并被公认为全国两所甲级女子医学院之一。1936年,医学院与博济医院合并。这30多年间,医学院培养出近300名优秀的女医生,她们传道授业、悬壶济世,足迹遍布全国。

因着深切的悲悯与爱，她开办了华南第一所现代意义上的盲童学校。她为学校付出了整整30年的光阴，到她退休时，学校共有300多名盲童毕业，全部能够自食其力，而她或许是由于过度劳累的缘故，返乡时已双目失明，但她内心一定充满了光明和安宁。

赖玛西：点亮盲童心里的光
　　　　创办华南第一所盲童学校

1889年，人们从垃圾堆里捡到一个流浪儿，送到医院来治疗。当救人者发现这个失明的女孩没有被治愈的希望时，想把孩子重新扔回垃圾堆去，但赖玛西医生说，"你把她留在我这儿吧。"于是，盲童学校就这样开办了。这段记述华南第一所盲童学校——广州明心瞽目书院创办缘起的朴素文字，是我在近百年前博济医院医生嘉惠霖的回忆录中看到的，原来这所开了岭南特殊教育先河的盲童学校，其创办的最初动因，是一个异国女医生强烈而又不失温柔的母性本能。

夜行数十里　救治难产女

赖玛西在广州的最初10年，是在全国第一家西医院——博济医院度过的。1882年10月，她从纽约妇女医学院毕业后，受美国长老会委派，作为传教医师来到广州，第二年开始分管博济医院的女病区。这一年，她一共做了4例器械接生手术，其中有3个产妇都因为送治太迟，难产而死，只有一个人侥幸活了下来。我们以前也说过，对当时的本地女性来说，在西医院里哪怕是接受女医生的治疗，都是伤风败俗的事，多数家庭宁可看着产妇死去，也不愿把她们送去医院，就算那些最后被送到医院的人，也往往延误了时机，最终仍难免一死。

　　病人不愿上医院，赖玛西便走起了"上门诊治"的路子。与男医生相比，她作为女医生相对更容易接近那些"羞怯而与世隔离"的本地女子。我们可以从一组数字中看到她的柔韧与坚持：1885年，她还只出诊13次；而到1896年，这个数字变成了508次，其中一半是为产妇接生。根据赖玛西写下的日记，她去乡下出诊，常常要先坐小船，再换轿子，几十里的路，要走上七八个小时。有时下午5点出发，直到凌晨两三点才可以到达病人家中。难怪她自己都叹息说："产科是我干过的工作中最难的活儿。"可她就这么一边承担着医院的日常工作，一边以常人无法忍受的工作强度，多年如一日，坚持上门出诊，并因此渐渐获得了本地人的信任。她在日记里一笔笔记下了病人康复后送来的鸡蛋、荔枝、葡萄干和水蜜桃，这些看似微不足道的礼物常让她开心好一阵子。透过这些资料，一个心思敏锐而又充满温情的女子形象跃然纸上。

收养被弃盲女　创办明心书院

1889年的一天，赖玛西接诊了一个特殊的病人，这个女孩不到3岁，双目失明，被人从街上的垃圾堆旁捡来，送到博济医院。当知道小女孩无法复明后，把她抱来的人就想重新把她扔到街上去。这时，赖玛西做出了一个决定，她要收养这个盲女，并开办一个学校，让更多的盲童接受教育，从而能自食其力。

多翻一点资料，你就会发现，赖玛西想要办一个盲童学校，绝不是心血来潮。在清末民初的广州城，官员富商多有一种特别的嗜好——爱听盲妹唱歌弹琴。有些盲妹是先天失明，还有些则是被人买来后故意用药水毒盲，然后被"鸨母"逼着卖唱甚至卖笑。一旦生活发生变故，她们就只能流落街头，自生自灭。赖玛西曾在书信里回忆说，她出诊时经常碰到在街头乱跌乱撞、等待听曲者召唤的盲妹，并常看见她们被人戏弄、辱骂甚至鞭打；她还曾救治过一位住院的盲女，这个女孩向她哭诉了自己以前不是被卖就是被抛弃的命运。面对这些可怜的盲女，赖玛西自述"只要看上一眼，都会让人心里难受"。此外，赖玛西在纽约妇女医学院攻读博士学位之前，曾在当地的公立学校当过数年教师，医生的不忍和老师的责任感或许在她内心持续发酵，成为她投身盲童教育的强大动力。

在赖玛西收养了第一个盲女后不久，又有人接连送来了3个失明女孩，赖玛西把她们暂时安顿在医院内，并请来一名女教师，教她们读书写字，这便是盲童学校的雏形；到了1892年，医院病人渐渐增多，房屋不敷使用，赖玛西自己掏钱在仁济街租了一座可以容纳 30 多个孩子的民居，才算真正办起了学校，并命名为"明心瞽目书院"。这不仅是广州，也是华南第一所现代意义上的盲童学校。

操劳半生为学校　双目失明回故土

1899 年，由于学校需要投入的精力越来越多，赖玛西医生辞去了博济医院的职务，专心从事盲童教育。由于盲童学校是她自己决定开办的，所以没法从教会得到多少资助。随着学生渐渐增多，在仁济街租用的民居越来越不够用，1906 年，学校在芳村买了一块方圆 1 公顷的土地，盖起了一栋 3 层高的独立楼房，足以容纳 60 多个儿童。1911 年，学校搬入新址，结果没过两年，校舍又不够用了，学校在 1913 年春天再次扩充校舍。买地建楼，一砖一瓦都要钱，其中仅 1906 年建校舍就花了 7000 多块银元，这些钱几乎全是由赖玛西自己向美国的各方朋友"化缘"而来的。

与盖楼相比，学校的课程设计更让赖玛西费心费力。她创办学校的初衷是为了教授盲童知识与技艺，使他们能够自食其力。为了便于盲童学习，她引进了当时较为先进的盲文系统——布莱叶法和穆恩法，并从香港请来有丰富经验的瞽女为师，从而开创了"以盲教盲"的先例。

除了国文、珠算、历史等文化课程外，学校还开设了针织、手工、推拿、家政等技艺课，盲童在这里学着做垫子、织绳子、纺纱织布和推拿松骨。教盲童掌握这些技艺，难度显然要大于教普通人，但这是盲童能否"自养"的关键，赖玛西尽心尽力，不愿懈怠。

不过，在所有课程中，最能给盲童带来快乐的其实是体育课。在体育课上，盲童一样能跑步、跳绳、滚铁环、吊双杠、踩滑板，玩得不亦乐乎。很多盲童刚进校时有些萎靡不振，在体育课上跌打滚爬一段时间后，就会"精神倍增，活泼之态勃然而生"，恢复了孩子的本来面目。

这一切，说起来似乎稀松平常，可仔细一想，后面都是一个弱女子凭着一己之力在支撑，又觉得殊为不易。从1899年正式创办明心书院，到1928年年迈退休，赖玛西付出了30年的光阴。到她退休时，明心书院共有300多名盲童毕业，全部能够自食其力。

也许是过于劳累的缘故，赖玛西返乡时已双目失明。然而我觉得，她的内心，一定像她一手创办的学校的名字一样，充满了光明与安宁，因为她已经倾尽所有，为那些命运凄惨的盲童做了她能做的一切。

> 他戒赌戒鸦片,又将小妾送去学医自立,自己则在书院里从零学起。"浪子"钟荣光就此消失,教育先驱钟荣光渐渐从"新力量"里诞生。

钟荣光:
岭大首任华人校长 与蔡元培齐名

　　他曾与蔡元培先生齐名,"北有蔡元培,南有钟荣光"是20世纪二三十年代教育界广为流传的一句话;当时,另外一个流行的说法是"北张南钟",这"北张"指的是一代教育先驱张伯苓,"南钟"说的还是他。他早年才华横溢,却不屑功名,对时局深深失望之余,沉浸于醇酒妇人,倚红偎翠、纸醉金迷,直至而立之年加入兴中会,结缘岭南大学,方才脱胎换骨,为岭南大学的发展倾尽了后半生。他的同乡孙科曾说:"钟先生才智过人,资格最深,办学成绩斐然!但只名闻于乡,不闻于国,殆亦只求集中,不事他骛之故。"而他对自己的评价却是"革过命,无功勋;作过官,无政绩;留过学,无文凭;才力总后人,唯一事工,尽瘁岭南至死",寥寥数行,却是"纯粹"二字最贴切的注脚,也正因为这份"纯粹",他才赋予岭南大学至今令人怀想不已的精神与风骨。

他就是岭南大学首任华人校长钟荣光,"先生"之名,他当之无愧。

风流才子:
做枪手 喝花酒 落拓不羁
猛回头 守清规 结缘岭大

要说清钟荣光与岭南大学的"半世情缘",我们还得先回顾一下岭南大学的"前生后世"。说起来,这所创办于1888年的教会大学,不仅是广东第一所现代意义上的大学,"资格"比燕京、清华还要老得多。不过,它最早创立时的名字叫"格致书院"。这所学校是由美国传教士哈巴安德辗转奔波十几年,才在金利埠(今六二三路)办起来的。哈巴安德的另一个身份是医学博士,他创办格致书院,不仅希望传播宗教,更希望传播科学和医学。格致书院创办以后,风风雨雨十几年,1900年改名为岭南学堂,1905年迁至今天的康乐村,1912年改名为岭南学校,直到1914年改名为岭南文理科大学,才真正有了"大学"之称。

钟荣光最初的人生轨迹,与格致书院并无交集。他于1866年出生于香山县(今中山市)的富商之家,接受的是传统的教育,17岁中秀才,29岁中举人,本可一路走下去,拿个功名。偏偏他对功名相当不屑。究其原因,或与年少时他随父亲遍游省港,在"十里洋场"开了眼界,洞悉了"功名"的乏味有关,但甲午之战后的腐朽政局肯定是主因。

根据钟荣光的学生为他撰写的传记,钟荣光自小聪明异常,读书过目不忘。不过,聪明人往往由于对现实看得过于真切,反而更容易幻灭。用这一视角去审视钟荣光早年沉浸于"醇酒妇人"的放浪不羁,你也会觉得这实在是再合乎逻辑不过的事情。那时候他一边在广州开设"大馆",为众多慕名而来的学生讲授科举之道挣钱;一边与好友喝花酒、推牌九、抽鸦片,倚红偎翠,纸醉金迷,完全是浪子做派。更有甚者,他还凭着一手好文章,屡屡进科场为考生当枪手,挣来的真金白银,随后又变成嫖资赌资,可以说是花钱如流水。

或许你会觉得我冒失,但我总觉得,像钟荣光这样才华横溢,又内心敏感的人,就算是在最放浪形骸的时候,也从未真正放弃过对"这个世界会好吗?"这一问题的追问,否则他肯定无法迅速脱胎换骨。1896年,他受孙中山革命思想之启迪,加入了兴中会;1898年,他又结识了博济医院和格致书院的相关人士,用他的学生在传记里的话说,博济医院和格致书院"作科学之号召,真理之传播,由浅入深,渐成一种新力量",先生发觉"欲救己救人救国,非加入这种新力量不可"。于是,已年过三十,并名满广州的"钟举人"毅然报读格致书院。他戒赌、戒鸦片,又将小妾送去学医自立,自己则在书院里从零学起。"浪子"钟荣光就此消失,教育先驱钟荣光渐渐从"新力量"里诞生。

艰辛筹款：
舟车劳顿走遍两半球
经手千万不私用分文

进入格致书院的钟荣光有着双重身份，一方面，他是"格致之学"课堂上的"小学生"，从头学习英文和科学知识；另一方面，他又被书院聘为汉语总教习。想象一下他游走于"老师"与"学生"这两个身份之间的坦然，再想一想他年过半百还远赴哥伦比亚大学，做教育系旁听生的经历，看来只有"是真名士自风流"这句话，才形容得尽他这份纯粹和率真。

自从进入格致书院的那一天起，钟荣光与这所学校就再也分不开了。他入校不久，就开始介入校务管理。1900年，义和团运动爆发，在他的运作之下，学校暂避澳门，更名岭南学堂。时局平静之后，学校开始在康乐村一带购买地皮，1904年正式迁到这里。据说，这一迁址决定也是钟荣光向校方力主达成的，因为康乐村远离闹市，可以让学生少受世风干扰，一心向学。细数钟荣光对岭南大学的贡献，历时十多年辗转筹款，应该是最基本也最动人的。1907年，钟荣光首次向广州士绅巨贾募捐筹建学生宿舍，作为回报，宿舍门楣上都刻有"某某书斋"，以感谢捐款人。之后，他的"筹款半径"从广东渐次扩展至全国，随之又几度下南洋、赴欧洲，远走南北美洲。其弟子在传记中说，钟荣光到海外筹款，常"四方奔走，远至穷乡僻壤之餐馆、洗衣馆、农园、菜市之间。各地侨胞每招手曰：钟先生，汝又来乎？即开箱捐赠予辛勤所蓄金元三数枚不等，而先生每能温语慰藉，示以远景"。脑补一下这画面，我觉得

岭南大学首任华人校长钟荣光

岭南大学校园

钟荣光筹资修建的马应彪堂

1921年7月,广东岭南大学毕业的三位文学士,中立者为岭南大学第一位女大学毕业生梁就明

实在温馨,所以都舍不得把这段文言文翻译成现代文。

根据资料记载,钟荣光在十数年之间,为岭南大学筹款千万元之巨。岭南大学最初迁移到康乐村之时,只有两栋木屋,而到了20世纪二三十年代,它已成为广州最富丽堂皇的校园。将这富丽堂皇的校园与钟荣光在餐馆、洗衣店、农园、菜市风尘仆仆劝捐的画面在脑海里做一个对比,相信你对他的敬意也会油然而生。

钟荣光经手千万元巨款,却从未取过一分一毫作私用,日常生活也十分简朴,据说连抽的烟丝都是最廉价的。在钟荣光的学生杨华日所写的《贤师之侧影》中,还有一段话我特别喜欢。他写道:"钟先生一表人才,体修长,貌清癯,双目含笑……日常穿洋服,结狭长领带,戴巴拿马帽……其出也,既无私车,亦无专船,除公共交通工具外,常劳步履。在南方炎热天气之下,仆仆东山与惠爱马路之间,每每抽巾拭汗,脱帽扇凉,市民肃然目送,相顾而言曰:此岭南大学钟荣光校长也。"我承认我是外貌协会的成员,之所以钟爱这段文字,是因为这个画面太美,但这样的美,不是由一种纯粹的精神气质赋予的吗?真希望,今天还能出几个这样的"美男子"校长。

成就岭大:
有所思 思岭南
有所言 言岭南

其实,钟荣光一早就有将岭南大学这所教会大学收归中国人自办的心愿,用他自己的话来说,最初"中国教育未发达，自不能不藉仗外人之力"，但"靠人终非久计"，应"视时机进，以备接回自办"。在行动步骤上，他也有很务实的计划：第一步，国人参与校务，提供意见；第二步，国人应实际承担部分经费；第三步，勉力自立，使主权收归国人。他是这么设想的，也是这么一步步去努力的。直至1927年年初，以钟荣光为主席、主要人员都为华人的校董会在岭南大学成立，岭南大学成为从外国人手中接过自办的第一所大学。

"有所言，言岭南；有所思，思岭南；有所筹划，只求有益于岭南。"这是钟荣光的学生对先生最中肯的评价。最初，岭南大学只有文学院、理学院和商学院，在钟荣光的主持下，先后办起了农学院和工学院。办农学院，是因为痛感中国农业落后，平民生计无着，学校有责任寻找新兴农业之道；办工学院，正当国民政府急于建设铁路之时，岭南大学便将培养、培训铁路、公路专门人才视作理所当然的使命；到了20世纪30年代，岭南大学又接收了长堤博济医院，更名为孙逸仙纪念医学院。至此，岭南大学文学院、理学院、商学院、农学院、工学院、医学院齐备，成了华南知名的综合性大学。

据说，钟荣光的理想是将岭南大学办得像哈佛、耶鲁一样出色。在纷乱的时局之下，这个理想显然过于"丰满"，但岭南大学由两栋木屋起步，到有这样斐然的成就，钟荣光已付出了全部心力。所以，当我们一读再读他为自己预写的挽词"革过命，无功勋；作过官，无政绩；留过学，无文凭；才力总后人，唯一事工，尽瘁岭南至死"，百感交集之余，只想一直记得这份风骨和精神。

他自号"妇孺之仆",孜孜不倦30年,几乎把后半生所有心血都倾注在启蒙教育的改良之中。从白话文教育先驱,到率先开设国文、历史、图画、算术、英文等颇具现代意义的启蒙课程,到首倡男女同校的先锋,再到女子教育的热情推动者,这一个个在当时"惊世骇俗"的头衔是他知行合一的逻辑结果。

陈子褒:
提倡白话文教育第一人

"一国之强弱,系乎人才,人才之盛衰,系乎教育。中国教育古法,唐宋以来,日渐泯没……中国教育既失其本,复遗其末,非全行改革,无以激发国民之志气,浚沦国民之智慧。且读书十年,汩没性灵,虚度日晷,莫此为甚……"当我最初看到这样语露锋芒、直陈传统教育积弊的文字时,竟想当然地以为它可能出自蔡元培、胡适这样的教育名家之手,后来仔细一查资料,才知道作者的"资历"居然比蔡元培和胡适还要"老"得多。他曾师从康有为,立志变法维新;戊戌政变后东渡日本,机缘巧合,得以深入考察邻邦的启蒙教育,就此立下"教育救国"的志向。归国后,他办学塾、编教材,孜孜不倦30年,终成推动岭南教育近代化的一代先驱,而他推行男女同校的时间,比北大还早了20年。

他叫陈子褒，自号"妇孺之仆"，现在，知道他的人已经不多了，但我还是希望把他的故事讲给大家听。

求索：
拜入康有为门下
"声光化电"无所不学

儿时的陈子褒大约是个神童，传记上说他"颅大异常"，读书"过目成诵"，写文章"援笔立就"。这个出生于江门乡绅之家的早慧少年，9岁会对对子，16岁中了秀才，28岁来到广州，一边准备乡试，一边在光孝寺设馆授徒，由于"早有文名"，居然吸引了五六十人前来求学，虽然这个时候的陈子褒仍不过是在应付科举的八股文里打转，说不上有什么创新之举，但如果在讲课艺术上没"两把刷子"，想来也不会有这么多学生慕名而来，这大概就是他后来能成为一代教育先驱的天分所在吧？

1893年夏，陈子褒在参加广东乡试时遇见了康有为，自此人生路径被彻底改变。要说陈子褒在乡试中的排名比康有为还靠前，可康有为维新变法的见识彻底征服了他，于是他心甘情愿拜在康有为门下，成了万木草堂的一名弟子。自小"颅大异常"的陈子褒在这里获得了他真正需要的精神养分。当时的万木草堂几乎是岭南的新学大本营，市面上近三分之一的新学书籍都被康有为收入囊中。陈子褒后来回忆起这段在万木草堂"声光化电"无所不读、如饥似渴熬夜求知的日子，着实深情款款，他曾在一次面向女师范生的演讲中说："鄙人当八股年代，入校二十年，教学三年，后复从康南海先生游，苟无康先生教导，则茫无路径，虽十分勤勉，亦无所用之。"康有为的确是他的启迪者，而他之后力主女子教育，最早推行男女同校的行动，处处可见在万木草堂打下的思想烙印。

在万木草堂求学的时候，陈子褒还是双门底（今北京路）圣教书楼的常客，这是当时省城唯一一家新学书店，其间的英文启蒙教材便成了他学习英文的"拐棍"。正是这些从"猫、鸡、犬"等最浅近通俗的事物教起的教材，让他第一次认识到用"天地玄黄、宇宙洪荒"这样抽象的文字进行启蒙教育是多么不合理，"通俗是贵"的观念在他心里悄悄发芽。

悟道：
一国之自立 起于个人之自立

自师从康有为之后，从强学会、保国会到公车上书，陈子褒几乎参加了康有为主导的所有维新变法。戊戌政变发生后，他自然就成了朝廷捕杀的对象，只得仓皇东渡日本。在日本，机缘巧合，他接触到了明治维新时期最重要的启蒙教育家福泽谕吉的著作，并立刻为之着迷。陈子褒之所以被福泽谕吉强烈吸引，是因为后者"文明开化"和"教育救国"的思想开始在日本结出了果实，他创办的兰学塾，后来发展为庆应义塾大学，如今成为日本最著名的私立大学。

我不揣冒昧，觉得像陈子褒这样的社会精英，对日本的情感应该是非常复杂的，一方面，甲午战争的惨败使他们的内心被耻辱感烧灼得时时难以平静；另一方面，他们又会比一般人更急切地睁大眼睛，想寻找这个国家日渐强盛的秘诀。福泽谕吉的学说和其生机勃勃的启蒙教育实践使陈子褒看到了一条"少有人走的路"，他开始痛感国内的维新派只知"赖于朝廷"，不知"眼光向下"，因而大声疾呼只有"训蒙"才能"开智"，因为一国之自立，必须起于个人之自立，否则，不管社会精英如何努力，千百万民众依然"废聪塞明，哑口瞪目"，大家就只能在一个"不痛不痒"的世界里混日子，所谓"救国图强"不过是镜花水月。

陈子褒一生对康有为崇敬有加，但也不惧质疑老师维新变法的努力没有抓住根本，"吾爱吾师，吾更爱真理"这句亚里士多德的名言，在他眼里是理所应当的常识。

既然决定以"蒙学救国"作为自己毕生的事业，那就意味着必须放下身段，向精英眼中的无知妇孺弯下腰去，用最浅近通俗的语言传递自然万物的学问和为人处世的道理，使知识的光芒一点点照亮原本茫然无措的心灵。这真是个特别考究火候的精细活，但又很可能一直默默无闻，除了少数独具慧眼的人，谁会在意一个小学教育者到底在做什么呢？不过，陈子褒一向是认准了理就会马上行动的人。1899年底，他回到国内，在澳门创办"蒙学会"，开始了逾20年"妇孺之仆"的生涯。

办学：
粤语写启蒙教材　子褒学塾冠岭南

从1899年归国办学开始，到1922年去世，陈子褒几乎把后半生所有的心血都倾注在启蒙教育的改良之上。数一数他办的启蒙学校，从子褒学塾、联爱女校到子褒女校，再加上好几所专为平民子弟开办的义学和夜校，每一所学校都留下了陈子褒在教育领域摸索和探险的痕迹。从白话文教育第一人，率先开设国文、历史、图画、算术、英文等颇具现代意义的启蒙课程，到首倡男女同校的先锋，再到女子教育的热情推动者，这一个个举动在当时颇为惊世骇俗，但这其实是陈子褒知行合一的有力证明。子褒学塾后来走出了岭南第一才女冼玉清、著名教育家廖峰基、岭南大学第一届华人副校长李应琳等一大批栋梁之材，使得学塾名冠南粤，取经者纷至沓来，不得不说这是其耗费了半生心血的自然回报。

不知为什么，在翻阅这一所所启蒙学校的资料时，我脑海里出现的竟然是《窗边的小豆豆》一书中小林先生和蔼可亲的形象，小林先生办了一所巴学园，并因学生黑柳彻子的记录而闻名中外，陈子褒先生早在100多年前就办了那么多个"巴学园"，如果我们就这样把他忘了，还真有点对不起他呢。

提起白话文运动，我们自然会想起胡适、陈独秀等一批新文化运动干将，其实，陈子褒推广白话文教育的"资格"要比他们"老"得多。还在日本考察教育的时候，陈子褒就留意到，日本街头连老头老太读书的场景都很常见，广东街头读书者却寥若晨星，是国人太懒，还是另有原因。陈子褒在《八股文言之祸中国》一文里给出了答案，他说："中国五万万人中，试问会文言者几何？开民智莫不如改革文言，不改革文言，则四万万九千九百之人，日居于黑暗世界之中……"要知道，这篇战斗檄文是在1898年写成的，而胡适等教育名家主导的白话文运动则到1919年之后才渐成气候呢。

数年后，陈子褒在办学之余，还创办了《妇孺杂志》，全力推广白话文教育。而他编辑的数十种启蒙教材，全用粤语写成，再用乡村俚语解析，你若问他原因，他就会用一句话回答你："通俗是贵"。用趣味开智，同时遵循"浅、少、缓"的原则，才能收到良好的教育效果。说实话，现代儿童心理学教材常洋洋万言，但陈子褒的这句话完全可以概括其精髓了。

从陈子褒给自己起"妇孺之仆"的外号中，你也可以看出他对女子教育的热心。早在1903年，他创办的学塾就开始招收女生，这在中国开了男女同校的先河。不仅如此，陈子褒还在课堂上热情"鼓吹"男女平等，这一点也深得康有为和福泽谕吉的真传。他的传记里还曾留下一个八卦，据说某一日他在课堂上出了个作文题，要求学生论述寡妇再嫁的合理性，结果有学生愤然离席，以示抗议。学生接受不了老师的思想，看似有些荒谬，其实在当时却再正常不过。要知道，不要说寡妇再嫁这样"大逆不道"的事，就是"男女同校"这样的事，能接受者也是寥寥，连全国第一高等学府——北京大学，也是直到1921年才冲破阻力，招收女生入学的，此时，距离陈子褒推行男女同校的创举，已过去近20年了。

她以"水滴石穿"的柔韧,苦心孤诣四十年,办起了广州第一所现代意义上的女子学校。从1972年到1917年,真光书院培养出了近300名女教师、100多名女医生和30多名女护士。她培养出的第一代职业女性,就此走出深闺,或教书育人,或悬壶济世,足迹遍布岭南大地。

那夏理:
四十年呵护"真光"

她24岁远渡重洋来到广州,开办广州第一所现代意义上的女子学校,苦心孤诣40多年,培养了286名女教师,114名女医生和30多名女护士,广州第一代职业女子,几乎都与她有着或近或远的渊源。

她鼓励裹着小脚的学生大胆放足,一次次为她们买鞋、买袜、买药水;她对被包办婚姻的学生怀着深切的同情,并以一贯的温和坚定的态度鼓励她们自主;更重要的是,当社会主流仍在坚持"女子只可在家接受教育,万万不可走出家门"的保守态度时,在她呵护下的女孩子们已经开始系统学习历史、地理、数学和科学,并借此获得弥足珍贵的自立和自主。

她一生信奉"行胜于言,言而不行,不若不言",所以当她对学生说出"吾亦有爱人,但念女子适人,只得一家受益,故宁愿抛弃个人幸福,抱不婚主义,以求普救众人也"这样的话,你非但不会觉得夸张,反而会产生深深的敬意。

她叫那夏理,近150年前,正是她开启了广东现代女子教育的先河。

洋女子只身来华　立志向创办女学

翻开诸多介绍岭南女学之始的文献,你都可以找到那夏理的名字,或许是当时影像资料稀少的缘故,它们用的图片几乎是同一张。在这张"标准照"上,年过半百的那夏理戴着圆边眼镜,紧抿双唇,目光温和坚定,发髻一丝不乱,确是马克斯·韦伯笔下典型的清教徒形象。如果这样一个女子安安静静坐在你面前,你也一定会相信,只要她下定决心去做的事情,就算有天大的困难,她也一定能做成。

不过,那夏理严肃的面容背后,其实潜藏着一颗火热的心。根据相关记载,她于1844年出生于美国俄亥俄州的一个基督徒家庭,自小聪颖好动,很多男孩子不敢干的事她都敢去做,连骑马都是一把好手。她的学习也从来不输给男孩子,从中学到大学,每门功课都名列前茅,数学尤为出色。后来,她在广州初创真光书院时,迫于师资奇缺,一人教授多门课程,却也能应付自如,求学时代打下的基础可谓功不可没。

1868年1月4日，未满24岁的那夏理经过100多天的航行，抵达广州。毋庸讳言，她是满怀着传教的热情来到东方的。据说早在13岁的时候，她就立下了"待吾稍长，当将上帝之名，传扬彼邦"的志向。正因为这样的热情，她甫抵广州，就开始苦学白话，几乎每天都要学习6个小时以上，因而短短数月就掌握了一口流利的白话；正是因为这样的热情，她几乎每天都在大街上走来走去，希冀接近当地人，结果却总在"女洋鬼子来了"的惊呼声中大吃闭门羹；也正是因为这样的热情，她才萌发创办一所寄宿制女校，借由教育来传教的念头。

如果那夏理只是一个普通洋女子，我们并没有太多理由记得她。但当她筚路蓝缕，办起了岭南第一所现代意义上的女子学校；当她把历史、地理、数学、科学等课程引入课堂，从而使女学的教育远远超越了宗教内容；当她解开一个又一个学生的裹脚布，鼓励她们勇敢地走上自主和自立的道路；当她耗费了数十年心血，培养出广东第一代女教师、女医生和女护士时，她就完全当得起"先生"这个满含敬意的称呼了。

水滴石穿　"熬"出现代教育体系

从1870年萌发创设女子学校的念头起，那夏理用了整整两年来筹备。1872年初，在筹得1000多美元的资金之后，她梦想中的教学楼终于在当时的沙基金利埠（今六二三路）建成了。1872年6月，学校举行开学庆典，正式定名"真光书院"。这一年，那夏理准备招收20名女童和10名已

那夏理旧照

婚妇女，分班教学。这个目标看上去不算多有野心，但放到当时的情境下，却真有点遥不可及。

愿意送女儿来上学的父母少之又少。其实，就算是在真光书院开办30多年之后，清政府开办新学之时，还规定"女子只可于家庭教之"，因为女孩子一旦出门上学，不仅被认为是"游行街市"，大大不雅，而且难免"误学外国习俗，致开自行择配之渐，长蔑视父母夫婿之风"。30年后社会主流态度仍如此保守，我们可以推断，那夏理这么一个异国女子初办女学，面临的是多么艰难的起点。所以，虽然她学费全免，还为学生提供远较一般家庭优越的食宿条件，但第一年还是只招到了6个学生，其中还包括3个已婚妇女。说实话，如果我是那夏理，面临这么一个冷清的开场和莫测的前景，一定会非常灰心，幸而她是一个果敢坚毅的女子，只要认定了自己在做对的事，就会无惧任何阻碍，一心向前。

不过，与那夏理之后遭遇的挫折比起来，这一个冷清的开场还真算不上考验。1875年1月，就在真光书院稍有起色，学生渐渐增多之时，一场大火焚毁了书院的教学楼，幸而师生全都出去做礼拜了，没有人员伤亡，但那夏理3年的心血被毁之殆尽。我想，她可能都没来得及叹息一下，就开始为筹款重建校舍奔忙了。因为短短几个月后，她就再次筹措到1000多美元，一栋崭新的教学楼又在原址建了起来。5年后这座可以容纳40个学生的校舍不敷使用，她又再次奔波筹款，在仁济路一带盖起了高3层、可以容纳80多个学生的新校舍，真光书院终于熬过了最初的艰难时光，缓缓步入正途。

真光书院的现代课程体系也是慢慢"熬"出来的。最初，书院只教授《圣经》和中国传统女学典籍，由于学生太少，也没法分班；几年之后，那夏理增设了数学、体育和音乐课程。其实，书院增设课程，最大的阻力来自家长，因为几乎没有一个家长认为自家女儿需要学那么多东西，他们把孩子送到真光来，多半是因为免费的食宿；可如果学了太多东西，以后越发不好管，那就不如将女孩子领回家的好。所以，那夏理增设课程，采用的也是"水滴石穿"的办法，就这样"熬"了10多年，直到19世纪80年代末，随着学生渐次增多，她才将学生按年龄分班，并在高年级开设了数学、化学、天文、地理、历史、哲学等课程，原本3年的学制也最终延长为9年。

据统计，1887年，真光书院开办15年之后，入读学生超过100多人，而到1894年这个数字又翻了一番。这些原本大多来自贫困家庭的女孩子，就这样成了最早接受近代科学文化滋养的幸运儿。

第一代职业女性　足迹遍布岭南

细细审视那夏理慢慢将真光书院由一人主理的小型私塾"熬制"成一个颇具体系的现代女学的艰难过程，你不得不感叹她对环境的适应能力。

书院最初所在的金利埠是小商小贩聚集之地，环境十分嘈杂，对于在书院上学的女生，人们多以"番鬼婆""荷兰薯"呼之，一旦有女生经过，也难免要讥笑一番。为此，那夏理立下校规，告诫女生"语禁高声，喜禁大笑，行禁阔步，犯则记过"，而且除父兄外，学生也不得见其他男客，如此种种严规，也许并非出于她的本意，却是她审时度势之后，为减少民众敌意，获得更多认同的明智之举。学校在仁济路的新校舍落成之后，她更是动用各方人脉，将县令和城内诸多士绅名流请来参加开学典礼，以增加学校的知名度和社会影响力。"先生存，后发展"，这个柔韧而聪敏的女子就这样一步步为学校赢得生存空间，最终熬成正果。

然而，适应环境的最终目的是为了改变。就拿缠足风俗来说吧，那夏理本人是持激烈的反对态度的，但与当时多数主张拒收缠足女生的传教士不同，她清醒地认识到，"反缠足"同样需要水滴石穿的耐心。她从未拒绝过缠足女生入学，而是在漫长的教学过程中，通过言传身教，使学生渐渐意识到缠足非但不美，反而是对身心的束缚和戕害；当学生开始想要摆脱这一桎梏时，她又亲自为她们买来放足药水，"躬为洗涤，送鞋送袜"。在真光书院办学10年之后，这里的女生已经无一缠足了。要知道，直到1902年，清政府在各方压力之下，才颁令禁止妇女缠足。那夏理的"反缠足"行动，足足超前了20多年。

那夏理日复一日坚持"反缠足"，解放了学生的身心；而她率先引入的现代教育体系，则给了她们弥足珍贵的自立和自主之根基。人们曾经做过统计，从1872年到1917年，真光书院培养出近300名女教师、100多名女医生和30多名女护士，其中的佼佼者还得以出国留学，开始在一个更为广阔的世界里掌控自己的前程和命运。

1917年，年迈的那夏理归国休养；次年，她因积劳成疾，安然病逝于故园。彼时，她苦心孤诣培养出来的第一代职业女性，或教书育人，或悬壶济世，足迹遍布岭南大地。

> 自嘲"以五百元之款，能创立一间大学，真是滑天下之大稽"。但他硬是凭着勇气和坚韧，做成了这一件"滑天下之大稽"的事。

陈炳权：
借来五百银元 办出一所大学

"大学者，非有大楼之谓，有大师之谓也。"这是一代教育先驱梅贻琦先生最著名的教育格言。而当我翻开私立广州大学首任校长陈炳权先生历经艰辛的创校史，看他用借来的500银元购买桌椅器材，又在借来的校舍里开办大学；看他长袖善舞，请来多位毕业于世界名校的知名学者走进大学课堂；看他如春蚕吐丝般一点点扩展学校的课室、图书馆和实验室；看他在战火中奔波省港两地，竭力保证学生的课业不致中断；看他在战后遍访美国各所大学，不遗余力四处"化缘"……我就觉得，他为梅贻琦先生的这句话，下了一个再准确不过的注脚。

成长历程：
出身寒微勤勉异常　　出洋留学半工半读

与出生富家、风流倜傥的岭南大学首任华人校长钟荣光不同，私立广州大学的创办者陈炳权是个地地道道的苦孩子，用他自己在回忆录里的话来说，是"中国极南端之南蛮子"。1895 年，他出生于台山海晏一个普通农家，6 岁入私塾，15 岁入高小，17 岁投考中学，20 岁考入广东高等师范学校数理部，24 岁前往美国留学，半工半读，先后获得密歇根大学商业经济和银行金融学士学位，以及哥伦比亚大学经济学硕士学位，28 岁归国从教。

与同时代的知识精英相比，陈炳权的这份履历真有些普通，他既不早慧，也从未获得过什么盛名。不过，如果我们用心体会他的成长环境，就会真心感叹这一路的不易。根据陈炳权的回忆录，儿时对他影响最深的是他那不识字的父亲。父亲勤勉异常，农耕之余，还在乡间开了家小杂货店，因为不识字，随手记个账都要求人，所以立誓要让他"读书识字，另创世界"。父子同住于杂货店中，每天早上天还没亮，父亲就点亮油灯，催他起床，在灯下复习前一天所学的功课，然后再送他上学。而与对他学业的期待相比，父亲在做人方面的教育更让他受益终生。诸如"早眠早起、洒扫庭除、与长同行、应随其后、善待乡亲"等基本礼仪，父亲不但身体力行，而且时时教导。

陈炳权在回忆录里说：父亲虽不识字，却能做到谦厚有礼，可见中国传统文化影响之深之广。后来，他在创办广州大学时，并未像当时很多知识分子一样，主张全盘西

陈炳权旧影

私立广州大学最初的课室

化，反而一再强调办学应当"中西合璧"，在汲取美国教育科学性的同时，更注重在教育中注入"格物、致知、诚意、正心"的灵魂，以培养出"知己、知人、知天"的优秀人才，这不能不说是"不识字"的父亲给他的最初的启迪。

筚路蓝缕：
借500银元办大学　　自嘲"滑天下之大稽"

翻阅陈炳权的回忆录，你会发现，他经常把"苦学生"三个字挂在嘴边，但你肯定不会觉得他矫情，因为这不但是事实，而且是他日后殚精竭虑、坚持办学的精神动力之所在。

据陈炳权自己的回忆，他出洋留学，在美国登岸时，身上只剩下9美元现金。正在迷茫之时，幸而得遇台山同乡、爱国侨领巫理堂先生。巫先生不仅为他提供了在华侨学校当夜课老师的机会，还慷慨地资助了他在密歇根大学和哥伦比亚大学深造的学费。这位巫先生后来成了陈炳权一直念兹在兹的人，而他回报的方式就是做个像巫先生一样的人，帮助更多的"苦学生"成材，以求救亡图存。

1924年，陈炳权回到广州，后受聘于国立广东大学，主讲经济、统计、会计、银行学等课程。当时，国内无论是政界还是学界，都对统计学的功用缺乏了解，他率先呼吁公众重视统计学，发起统计运动，组建中国统计学会，成为将统计科学引入中国的先行者之一。至于他引进的这门学科有多重要，我们只要看看如今经济和生活领域一旦离开统计，会有多么混乱，大概就能明白一二了。

在做着这么"高大上"的事情同时，陈炳权一直还想着为不如自己幸运的"苦学生"做些事。他自己在美国半工半读时，就曾旁听过一些大学收费低廉的校外课程，深感受益，当时想及"我国一般青年之贫苦"，立志"返国之后倡办夜大学"，使白天忙于生计的平民也获得受教育的机会。1925年，他担任国立广东大学专修学院院长，开始筹办夜校，这一心愿得以实现。夜校甫一开学，报名者就挤破了门槛，本来只准备招收300人，结果前来报名者突破了3000人，陈炳权想方设法，将招生名额扩充到了800人。

然而，夜校开办不到半年，大学方面的态度就发生了变化，用陈炳权自己的话说，"褚某为校长，目光短小，以为大学不能设夜校，即被撤销"。夜校一撤销，近千失学青年纷纷找到陈炳权，苦求他"设校收容"。当时的陈炳权不过一介书生，既无钱，又没地，可也实在看不得这些如昔日自己一般的"苦孩子"陷入失学困境，于是抱定了"虽千万人吾往矣"的念头，开始创办私立广州大学。

如果要形象概括私立广州大学筚路蓝缕的开办过程，那就只有一个字——借：校舍是通过熟人向番禺中学暂借的；经费则是向当时的两个银行行长借的，而且只有区区500银元。陈炳权自己也觉得这点经费实在是少得可怜，自嘲"以五百元之款，能创立一间大学，真是滑天下之大稽"。自嘲归自嘲，但他硬是凭着勇气和坚韧，做成了这一件"滑天下之大稽"的事。1927年3月，私立广州大学开学；1929年，学校在文德路建起了自己的校舍；到1937年，学校从单纯的夜校发展成拥有多个院系的综合性大学，拥有设施完备的图书馆、实验室和体育场。其间，陈炳权虽然两度因官方委任公职而离开，但因为放不下，又重回学校。用他自己的话说，当官是优差，愿做的人多，不少了他一个；而当校长是个苦差，愿做的人少，所以他必须一力承担。

回想陈炳权以一介书生之力，从无到有办学的艰难历程，再读一读他写下的"本人实受巫先生为国育才盛意之感动，无论如何困难，均努力以赴，以广其意，以求于国家社会之前途有所裨益也"这样的话，你也会感动于他的真诚。说实话，巫先生帮了他一个"苦学生"，而他呕心沥血办起了一所大学，就这一意义而言，陈炳权的确做到了"滴水之恩，涌泉相报"。

战乱年代：
十年心血毁于一旦　为重建再度"化缘"

正当私立广州大学一点点"长成"时，战争的迫近给它的命运蒙上了一层浓重的阴影。抗战爆发后，广州空袭频仍，陈炳权开始在香港四处奔波，寻找合宜校舍，以策安全。临时授课处最初设在粉岭，没多久即迁往荃湾，几个月后又迁往油麻地。1940年10月，他终于在青山道附近租到一块地，准备修建校舍，安顿下来。可课室刚刚建好，师生们还没来得及搬进去上课，太平洋战争爆发，香港同样沦于日军之手，他费尽辛苦建起来的校舍，转眼就变成了日军的马房。

更让他痛心的是，1938年10月广州沦陷之时，学校已损失了一批书籍和实验仪器，剩下的图书珍本好不容易辛辛苦苦运到香港，旋即又全部毁于日军之手。"十余年来同人等苦心经营之事业，至此全部荡然。"。

这是陈炳权在回忆录里最沉痛的一笔。但接着他又写道："敌人所能破坏者，为有形之物质；所不能毁灭者，为无形之精神。所能慑服者，为意志薄弱之愚民；所不能慑服者，为意志坚定之智士。"陈炳权在回忆录里的语言风格极为低调温和，一派谦谦君子之风，这段话却至为慷慨激昂。不过，对照他之后领着全校同仁冒着战火在韶关重建校舍，之后又多年在美国四处"化缘"，募得8万余册珍贵图书和12万余美元，不遗余力促成学校战后复兴，你也一定会同意，陈炳权的确用行动证明了自己是一个不折不扣的"意志坚定之智士"。我们称呼他一声"先生"，也实在是理所应当。

作为岭南体育教育先驱,他执掌南武学堂数十年,为近代中国培养了第一个在国际运动会上夺得金牌的运动员和第一个体育硕士。他自言"南武乃予之家庭,诸生乃予之子弟",为办学倾其所有,毫无保留。离世时,他已家财散尽,只有一个学生为他送行。

何剑吴:
为体育教育奠基 离世只有学生送行

1906年1月10日,广州大东门外东较场,一群穿着长衫长裤的学生顶着凛冽寒风,绕着不太平整的跑道疾走如飞。他们把辫子盘在头上,用绳子扎紧阔如喇叭的裤腿,有的脚穿布鞋,有的干脆光着脚,向着目标"一路狂奔"。观众席上,受邀而来的朝廷官吏和地方士绅饶有兴致地看着"西洋镜",还不时助威几声。这是100多年前广东省第一次运动大会的比赛现场,这个由新军练武场改成的简陋赛场,见证了岭南近代体育运动的萌芽。

经过两天的激烈比赛,南武学堂获得了团体总分第一名,"南武、南武"的喊声充斥了整个赛场,这是南武学堂的学生第一次在运动会上夺魁。之后,南武的学生还在全省、全国乃至国际赛场上率先崭露头角:这里既走出了第一个在国际运动会上夺得金牌的运动员，也走出了中国近代第一个体育硕士。

这一切，都与一个人持续数十年的努力分不开，他就是执掌南武的岭南体育教育先驱——何剑吴。

中西兼学　尚武为逞报国志
执掌南武　身先士卒开操场

自从动笔写作"先生"系列以来，我渐渐养成了一个习惯：那就是每次动笔以前，先对着当天要"出场"的先生的照片坐上半个小时，细细端详。因为写过的先生越多，我就越笃信"相由心生"的道理。有时，与长篇累牍的文字资料相比，对方的一颦一笑，一个具有穿透力的眼神，更能告诉你，他是一个什么样的人。

作为岭南体育教育的先驱人物之一，何剑吴先生的相貌还真透着股英武之气。老照片上的他剃着平头，国字脸，两道浓眉之下，一双眼睛格外有神，两撇八字胡下，嘴角微微上翘，透着笑意的同时，又透出一份威严。据说最早一批南武学堂的学生，骤见何校长，都会有点害怕，日后接触多了，才发现他对学生是一副慈父心肠。纵然如此，学生还是暗地里送给他"猫cat"的外号，中英二音合叫，不过这里的"猫"，得理解成老虎才恰当。

就算是有20世纪初最早一批在南武学堂读书的学生，也未必个个知道，他们的"猫cat"校长可是"身出名门"。根据资料记载，何剑吴1876年出生于番禺沙湾，少年时代曾受教于岭南大儒简朝亮门下，与岭南四大家之一、名满京华的著名诗人黄节同窗读书，后来两人成为一生的莫逆之交。说起简朝亮和黄节，现在的读者大多会一头雾水，不过，简朝亮和黄节在当时的名声，与今天活跃在公众视野里的"学术明星"比起来，那绝对是有过之而无不及。康有为曾与简朝亮同窗，后来一说起简朝亮的学问，从来都是大赞："今岭南大儒，一人而已"；而黄节曾任教于北大、清华多年，与国学大师章太炎齐名，身后更被誉为"岭南诗宗"。

把一代大儒和诗宗搬出来，当然不是为了借他们的光，以显示何剑吴有多么"高大上"，而是想表明，这个为了推行体育教育尽心尽力，甚至热情得有些偏执的校长，绝对不能跟常人眼里的普通武夫画上等号。不信，你看他写下的回忆自己与黄节、潘达微等名流在海幢寺旁创办南武公学（南武学堂前身）的经历："乙巳春，同人治地于海幢寺侧，辟为公学，觉草木之繁盛，念西哲生物竞争之论，则惶然以惧，悠然以思……吾群自孔子之后，汉宋经师，闭门讲学，以迄有明，号称极盛，而于群治之进退，则无丝毫影响。何者？学在一二贤达，而未尝普于吾民。"不知道你是否能轻松地把这段话读完，反正我是翻了几次古汉语字典，才领略了其中的深意。

不管是对进化论，还是对传统文化，何剑吴都有独到的见解。从这一视角出发，来看待他在20世纪初为推广体育付出的不懈努力，其动机就非常容易理解了。所谓"强国"必先"强民"，而要达到"强民"的目的，就必须"尚武"与"启智"并重，前者强身，后者强心，两者缺一不可。

说实话，在当时，振臂高呼，以开启民智为己任的精英并不罕见，但多年如一日。乐此不疲地与学生一起在操场上奔跑、赛球的知识分子却着实少有，何剑吴就是这样一个异类。

1906年3月，何剑吴受黄节之邀，正式执掌南武学堂。上任伊始，他便身先士卒，带着学生一起开辟操场。经过一番苦干，硬是给学校"开"出了4个大操场，东边是足球场和两百米跑道，北边是排球场和篮球场，西操场设了手工劳作室，南边则是跳高、跳远和体操场地，一个私立学堂一下子有了4个大操场，不仅在当时的广州绝无仅有，就是在全国也是极为罕见的。南武学堂的学生就在这4个大操场上日日训练，从广东第一次全省运动会一直打进国际比赛，赢得了近代体育史上的第一块国际运动会金牌。

看重体质　不许学生吃得少
从不攒钱　晚年受学生供养

何剑吴既然把体育视为"保种强国"之道，自然非常看重学生的体质，甚至到了偏执的程度。

根据南武学堂早期的学生、已故教师杨淑真在1985年一期《广州文史资料》上撰写的一篇回忆文章，何剑吴闲暇时常去海幢寺附近的"罗琛记"吃饭，如果学生在半道碰见他，叫声"何校长"，必会被拉去同吃。何剑吴食量惊人，云吞面能吃两大碗，甜品能吃四五碗，学生没那么大的饭量，自然望而生畏，这时何剑吴就会沉下脸来，说上两句："年轻人，吃这一点点，将来怎么替国家承担重

何剑吴先生

南武学堂的校门

任？"说得学生灰溜溜的，下次就会绕道而行了。

何剑吴一生未娶，他把南武学堂的学生当作自己的孩子来看待，可他对学生的爱有时又过于严厉。他不但"不许"学生吃得少，还"不许"学生生病。如果有人生了病向他请假，他多半会粗声粗气地说："年轻人多些体育锻炼就不会生病，生病有什么意思？"然后，大手一挥，让学生回去上课。这样的做法看上去的确有些非理性，但设身处地想一想，面对时代的大变局和大动荡，"亡国灭种"的担忧几乎是压在所有知识精英心头的巨石，要求他们在这样的情感重压之下保持完全的理性和淡定，那也太苛刻了。

一生"尚武"的何校长还有一个被人津津乐道的特点，就是从不攒钱。他自己并不爱花钱，长年穿的是一套白色紫花布中山装，吃得也很简单，近300银元的月薪，除了少量用于生活外，其余大半都用来周济学生。为了支持学校的发展，他甚至把自家的祖屋都卖了。就是在这样筚路蓝缕的努力之下，南武学堂送出了全国第一个赴美攻读体育硕士学位的毕业生，也教出了一批活跃于岭南的教练员和体育教授，这也是第一批普及现代体育教育的种子。至于在想一想20世纪初参加远东运动会，夺得中国近代体育史上第一块金牌的南武学堂学生陈炎，在足球比赛中表现突出、驰名港澳的"南武四杰"，以及大批率先走出国门，代表中国决战国际赛场的排球、足球和田径选手，都是何剑吴偏爱的"孩子"。他说过："南武乃予之家庭，诸生乃予之弟子"。为了这个家，他倾其所有，毫无保留。

说到何剑吴晚年的经历，那又是一个既让人感伤，又让人觉得温暖的故事。抗战爆发后,何剑吴辗转来到香港避难,由于全无积蓄,他的生活全靠南武学堂的一个毕业生支持。1942年,香港陷入日军之手,在香港的南武学堂校友纷纷转去粤北,何剑吴因为历年积劳,身体虚弱,无法成行,只能滞留香港。1944年,何剑吴离开人世,出殡那天,只有一个昔日的学生送行。

或许,你会觉得这样的结局过于冷清,可我依然在内心最深处羡慕他过了这么美好的一生。

作为深得蔡元培钦佩的北大教授,他毫不犹豫地弯下腰来,为故乡的孩子们编写启蒙教材,由浅入深,将南粤的历史、地理、物产、商业娓娓道来。在他的笔下,南粤的草木与生灵是那样可亲可爱。

黄节:
大学者写乡土教材　启蒙小娃爱南粤

"广东之治乱得失,不惟关中国之大局而已,抑于世界上有影响也夫……则吾人之爱中国,无有不挚爱广东,何也?其治乱得失于世界上有影响也……吾邦人子弟,于吾广东故事和夫吾广东影响于世界上大端不可不知,诚有养其爱乡土之心……"这一段深情款款的文字,出自20世纪初出版的《广东乡土历史教科书》,作者是被誉为"岭南诗宗"的学者黄节。这位前半生耗尽家财、办报开启民智,后半生执教北大、以呵护民族文化之根为己任的学者,曾深得梁启超、蔡元培等人的钦佩,声名之大,可以说得上是如雷贯耳。可就是这样一位造诣深厚的大学者,在忙于办报、办学、著书立说的同时,居然用足心思,为故乡的孩子们写出了一整套乡土启蒙教材。他由近及远、由浅入深,将南粤的历史、地理、物产、商业娓娓道来,引领刚进学堂的小儿郎爱上家乡，再由爱乡而爱国，从而在未来承担起强生国家的大任。

时隔百年之后，回头看黄节为推进乡土教育做的诸多工作，也许他热心传授的一些知识已经过时，但他放下身段、努力靠近儿童心灵的谦逊和用心，却仍旧让人心动，引人深思。

国学大师用足心思　七册课本一气呵成

其实，在给黄节安上"国学大师"这个名头的时候，我内心是犹豫了很久的。因为当前没用心研读过几本经典，却打着国学的幌子售卖心灵鸡汤的所谓大师实在太多，如果无意中把这样的形象跟黄节联系在一起，那实在是天大的罪过；但若以学界公认的"岭南诗宗"来称呼他，我又担心难以引起大家的兴趣，因为诗歌距离人们的生活过于遥远了。想来想去，不如花一点点时间，来说说他是一个什么样的人吧，只有这样，你才能理解，他为什么要那么热切地引导故乡的孩子们挚爱南粤的一山一水，一草一木。

黄节还真是一个货真价实的国学大师。他祖籍顺德，生于广州，父亲原是个秀才，后来虽然弃文从商，做起了陶瓷生意，但并未放弃诗书传家的传统。黄节进私塾，入学海堂，接着师从岭南大儒简朝亮，通读汉宋经史，后来又找了两座古庙，闭门读书多年，饱览中西典籍，由于读书太用功，还得了个外号，叫"苦行生"。读了万卷书，他又去行万里路，足迹不但遍布大江南北，还远至日本。不过，这样的"万里路"可不是"说走就走"的旅行，当时举国内忧外患，家国之念时时萦绕在知识分子心头，因而不管读书，还是游历，他都是为了寻找"救国图存"的道路。不过，与完全"醉心欧化"的新派人物不同的是，他试图从中国的传统文化里再次找到方向和路标。

说起来很惭愧，我的国学修养实在太差，之前一听说100多年前名声大噪的国粹派，联想到的就是端着茶壶走进北大课堂的守旧文人形象，后来翻读黄节的文字，虽然看得还是云里雾里，但至少弄明白了一点，他绝非一意守旧，而是反对不明就里的"全盘西化"。面对"欧风美雨"的侵袭，他感慨："吾祖国之文学，光华美丽，照耀大地者，迄今而安在乎？"因而，他要守住的，也不是全部僵化的教条，而是本民族文化里最珍贵的"根"。不信，你看他对"国粹"的定义：本国文化中的精华固然是国粹，适于中国本土的外国思想文化，同样可以化为国粹。哪有食古不化的味道？

1905年，黄节变卖家产，与章炳麟、刘师培等人成立国学保存会，以"保种、爱国、存学"为宗旨，印书办报，弘扬国学，忙得不亦乐乎。在这一年，清政府大兴教育改革，颁布《奏定学堂章程》，明文规定初等小学堂要开设历史、地理和格致（科学）课程，尤其要讲授与本乡本土有关的史地和科学知识。官方同时规定，民间组织和个人可以自行编写乡土教材，教学部审定后就可在市面上出版发行，同时授予著作权。虽说黄节等人一向反对清政府，但这个规定着实对了他们的脾气。背后的逻辑其实很清晰：激发人们对"国粹"的热爱，要从启蒙时代抓起。可对几岁的孩子抽象地谈论热爱本国文化，他们压根不会有什么感觉，但若从其家门口的一草一木细细教导起来，他们内心自然会生发出对故土的热爱，再由热爱故土推及钟爱本国文化，这份爱就牢靠多了。

就这样，国学保存会很快成立了"乡土教科书社"，开始策划编写各省乡土教科书，生于南粤、长于南粤的黄节自然责无旁贷，承担了广东乡土教科书的编写之责。据统计，国学保存会一共编印发行了21册乡土教科书，其中黄节一人就编写了7册。1907—1908年，这些教科书陆续出版发行，想想黄节在短短两年间写就7册课本，还是在印书办报的间隙完成的，我们送他一个"拼命三郎"的称呼，倒也不算夸张。

地理课从家门口上起　小短文说尽千年历史

上文已经说了，黄节之所以有这么强大的精神动力，将7册乡土教材一气呵成，主要是因为他希望激发下一代对乡土的热爱，进而热爱国家，热爱本国文化。在《广东乡土历史教科书》的序言里，他写道："广东之治乱得失，不惟关中国之大局而已，抑于世界上有影响也夫……吾人挚爱中国者也未有不挚爱广东。何也？其治乱得失于世界上有影响也……吾邦人子弟，于吾广东故事与夫吾广东影响于世界大端不可不知，诚有以其爱乡上之心，由是而群知爱国，亦当世急务也。"在《广东乡土地理教科书》里，他则大声疾呼："吾愿举吾粤十五州之土地，而纳之吾邦人弟子之手中，曰：'毋坐以付人也。'"引导故乡子弟挚爱南粤的用意溢于言表。

黄节认定了写作乡土教材是当世急务，自然会全力以赴，可怎么写，却也充满了挑战。按照当时的《奏定学堂章程》，乡土历史、乡土科学和乡土地理都是在小学堂一二年级开设的，因而学部要求教材的编写符合儿童心理。以地理课为例，章程规定："先自学校附近指示其子午方位，次及于附近之先贤祠墓、近处山水，间亦带领小学生寻访古迹为解说，俾其因故事而识地理，并使认识地图，渐次由近及远。"别看这话说得半文半白，但其中的道理可一点也不落后，把课程从家门口上起，直到今天还是教育家大力提倡，却远未实现的愿景呢，那时却已写入了学堂章程，可见那时的教育理念的前瞻性。

话扯远了，我们再看黄节编写的乡土历史和地理教材，每册只写18课，每课不超过150个字，读之朗朗上口，一星期学一课，不给孩子们增加无谓的负担。正因为文字有限，所以内容安排更要煞费心机，4册历史教材，总共万把字，竟将持续数千年的脉络梳理得清晰明了。以"汉代之广东"为例，《粤入汉后之政治》《粤入汉后之风俗》《粤入汉后之学术》，短短3篇课文，就是一部迷你版的汉代广东史。而地理教材，一篇《总论》，不到142字，居然叙述了广东的面积、地望、气候、地势、风俗5个方面的内容，真是非大手笔不能为。而他编写的乡土科学教材，每一课只有50个字，更加短小精悍，却一点也没损失生动和趣味。不信，我们来读一读其中的《禾花雀》一文：禾花雀本名绿鸠，其毛带黄绿色，喜食禾花，每年八九月间，禾秀时即有之，故俗呼为禾花雀。虽然辞藻并不华丽，但读来仍有口角噙香、回味无穷的感觉，不是吗？读着这样的文字，领略南粤草木与生灵的可爱，要让孩子们不倾心热爱故土，恐怕也不是件容易的事吧？只是不知今天还有没有人能继承黄节的衣钵，来继续给孩子们讲一讲广东的精彩故事呢？

> 他曾两任"广东高师"校长。学校困窘之际,他曾典卖家产,供养师生,因此被称为高师"奶娘"。他对师生十分包容,主张学术自由,说话从不疾言厉色,温和宽厚的长者风范让学生倍感安全。

金曾澄:
温玉君子甘当高师"奶娘"

这年头,"颜值"成了微信朋友圈里的热点词汇,可网上流传的众多"男神"的美图,总让我怅然若失,觉得缺了点什么。偶尔的一天,我开始细读20世纪初曾两任广东高等师范学校校长的金曾澄先生的传记。当我看到一张金先生的旧照时,大脑里好像起了一道电光石火。原来,像金先生这般清澈深邃的眼神和温润如玉的面容,恰是今日众多"男神"普遍缺乏的,所以,"男神"美则美矣,却难持久回味;但先生的面容,让人看了不但觉得安心,还会很想接近那颗隐藏其后的心灵。这么说固然有些鲁莽,但如果你相信林肯"一个人四十岁以后的相貌应该由自己负责"名言的话,这样温润的面容背后,必然有一个丰富优雅的精神世界。

自幼研习国学经典　东渡扶桑追索新知

金曾澄生于富贵之家,父辈经营盐业,发家后在高第街盖起了占地两三千平方米的大宅子,名为"敬业苑",又称"金地"。鼎盛时的"金地"几乎与赫赫有名的"许地"并驾齐驱。许氏富而好学,从"许地"走出去的许崇清、许广平等名人,他们的故事至今为人熟知,金家也不逊色。

1879年,金曾澄在"金地"出生。他在少年时代接受了良好的传统经典教育。根据相关学者的研究,金曾澄熟读四书五经,对《明儒学案》和《宋元学案》也颇有研究。《明儒学案》和《宋元学案》是清初大家黄宗羲撰写的汉族思想史巨著,共有160卷之多。仅仅透过这么一个数字,我们就可以对金先生深厚的学养有个概念了。

不过,所谓相由心生,与这些学术经典相比,儿时读过的诗词曲赋也许对他的"颜值"更有贡献。与金曾澄生活在同一个时代的文豪林语堂曾说过,诗歌给了中国人"一种悲天悯人的意识,使他们对大自然寄予无限的深情,并用艺术的眼光来看待人生",用这句话来形容金曾澄的一生,实在是再合适不过。世道越纷乱,办学越艰辛,诗歌就越能给他带去安慰,也让他的面容越来越温润,眼神越来越清澈。与同时代的很多精英一样,青年时代的金曾澄开始热心学习西学新知。1901年,他东渡日本,开始了长达9年的留学生涯。他最初在东京求学,后来由于东京的中国留学生常因政治理念不同,彼此论战不已,他为了静心求学,又转而考入广岛高等师范学校,一心一意研习世界前沿教育理论，以期回国后投身于"教育救国"的事业。避开热闹的争论，安安静静做好自己该做的事，这应该是金曾澄温和个性与深厚学养使然，但他其实并不缺少"壮怀激烈"的时刻。就在赴日留学前夕，他还写下了一首诗："国步艰难事可知，掉头东去欲何之。蓬诚缥纱三山近，海浪奔腾万马驰。壮志岂无发扬日，离家不作女儿悲。茫茫四顾乾冲窄，人静更深入梦迟。"报国之心，溢于言表。

军阀挪用经费　师生三餐不继
先生抵押房产　支付学校开支

1910年，金曾澄学成归国，被清政府录用为学部主事。1911年，辛亥革命成功，次年他回到广东，开始担任广东高等师范学校（以下简称"广东高师"）的校长。不过，由于政局动荡，不到一年他就离职了，直到1917年，他才再度"出山"，执掌广东高师。

其实，广东高师在岭南近代教育史上颇有地位。考察其历史沿革，最早要追溯至1904年两广学务处在旧贡院（今文明路一带）开办的速成师范馆兼学堂管理员练习所；1905年，两广总督岑春煊拨款20万两白银，仿效日本东京高师的模式，将旧贡院改建为两广优级师范学堂；辛亥革命成功之后，学校更名为广东高级师范学校；直到1924年，广东高师、广东法科学校与广东农业专门学校合并为国立广东大学（即后来的中山大学），广东高师的历史才暂告一段落。

说广东高师在岭南近代教育史上的地位重要，是因为新式教育刚刚起步，广东高师培养出的教员素养，对这"第一步"至为关键。可实际上，广东高师又常受时局动荡之累，不但数次停课，校长也频频换人，发展历程很是曲折。直到1917年，金曾澄再度担任广东高师的校长，这一待就是近6年，局面这才慢慢稳定下来。

金曾澄留给学生最深的印象是温和宽厚，他主张学术自由，对学生也非常包容，说话从不疾言厉色，也不喜欢进行演说与训话。这样温和宽厚的长者风范，的确更像是旧知识分子的做派，但越是在乱世之中，这样的校长或许越能让学生感到踏实安全。

关于金曾澄办学的具体细节，我们已经很难找到多少资料了，但从当时人们将他戏称为广东高师的"奶娘"的轶闻中，可见他对学校的拳拳呵护之意，这样的苦心，在学校遭遇危机的时候表现得尤为突出。1922年，由于军阀挪用办学经费，学校不但被迫拖欠老师的薪水，而且连学生的伙食都要供不起了，看着师生个个人心惶惶，金曾澄把自家房产抵押给银号，贷来现款，支付教员欠薪和学生的伙食费，以及应付学校一系列的日常开支。他自掏腰包，维持了近一年，才使广东高师免于陷入停课甚至关门的窘境。

算上前后两任日期，金曾澄一共呵护了广东高师近7年，这7年也算得上是他人生最好的年华，以至于他在后来一直念念不忘。1947年，年近七旬的金曾澄与广东高师的师生再次聚首，感慨万千之时，他又把心事"托付"给了诗歌。"悠悠三十年前事，到底分明只此心。旧日弦歌如隔世，满门桃李已成阴。登楼每起沧桑感，掩卷聊为禾黍吟。且为开轩迎晚飔,灯前不觉引杯深。"因为知道他在纷乱时局中为维护广东高师付出的心力,再读着这样的诗句,我倒也真能体会其间既欣慰又惆怅,情到深处,却又无法一言道尽的情愫。

辞任大学校长　　晚年执掌中学

金曾澄为广东高师服务7年多,赢得"满门桃李已成阴",那他到底培养了多少"桃李"呢?根据相关数据,广东高师的历届毕业生共有2400多人。省内各地中学,几乎都有广东高师毕业生的身影,当时很多知名的校长,也都出自东广高师,这当然不是金曾澄一个人的功劳,但他担任校长时间最长,用心最为良苦,其贡献不言自明。

抗战爆发后,年已六旬的金曾澄带着妻儿迁居澳门。非常时期,百事不易,他也不得不清苦度日。不过,翻一翻他在那时写下的诗歌:"百岁光阴转眼新,又过六十四年春。观书未倦人非老,无钱买酒渐觉贫。伏枥敢跨千里骥,闭门愿作一尘氓;匈奴未灭家何在,莽莽乾坤剩此身。"外敌当前,宽厚温和的金曾澄再次表现出了铁骨铮铮的一面。此后不久,他不顾年岁已高,返回内地,出任中山大学代校长。烽烟之下,他带领师生辗转山区,最终在梅县落脚,筹备复课,为保全学校倾尽心力。

抗战胜利后,金曾澄辞去中大代校长一职,1946出任一所老牌私立中学——教忠中学(广州第十三中学的前身)的校长,随后兢兢业业,直至新中国成立3年后,学校被政府接管,他才彻底告别教育生涯,那一年,他已是74岁的老人了。从大学校长的位置上退出,反而心甘情愿出任一所中学的校长,其中原委我们无法细究,但金曾澄的豁达却让人钦佩不已。难怪有人说他一生痴爱教育,只要是在做教育,什么样的位置都无所谓。也许正是这样的赤子之心,才让他显现出了这么高的"颜值",让人怀想不已,怅然不已吧。

（本文部分内容参考了《广东高等师范教育创业者金曾澄先生传略》一文,特此致谢。）

> 你总是在不经意间靠近某个最重要的目标,然后发现自己之前所有的磨练与经历,都是在为完成这个最艰难的任务做准备。

卢乃潼:
化缘十年办起中医学堂

"中国天然之药产,岁植万万,民生国课,多给于斯,倘因中医衰落,中药随之,其关系至大。本校设立之宗旨,习中医以存中药,由中医以通西医,保存国粹,维护土货,以养成医学之人才。"这是1924年9月广东中医药专门(科)学校(广州中医药大学的前身)成立之时,首任校长卢乃潼在开学典礼上的训词。这篇训词读来十分简短,但卢乃潼领衔创办与经营这所中医名校的历程却是一个长长的故事,整整十多年来,这位学富五车、在政界与商界都颇有名望的岭南才子,为化缘、为批文、为招贤、为校舍几乎跑断了腿,费尽了心,其间种种艰辛,简直"可以把人说得嘴儿疼"。

接受通才教育　历任名校掌门

据史料记载，他出生于顺德世家，"自幼聪颖，工骈文，长欧体书法"，年岁稍长，"游艺于陈澧先生门下，学业日益进步"。现在，估计没多少人知道陈澧是谁了，说起来，他是两百年前一个了不得的通才，天文、地理、乐律、算术、骈文、书法，无不研习，人称"东塾先生"。当时的年轻学子，无不以到东塾先生门下求教为荣，而卢乃潼得以"登堂入室"，成为陈澧的得意弟子，可见确有满腹才华。而一个才华横溢、谈吐得体的年轻人，必然让人赏心悦目，如沐春风，在我这么一个保守的人看来，把这样的赏心悦目称为"颜值"，这于当下很多人喜欢"小鲜肉"确实有些不同，所谓萝卜青菜，各有所爱吧。

19世纪末，卢乃潼从东塾门下毕业，历任广州菊坡精舍学长、学海堂书院学长、广雅书院的院长和广州中学的校长，先后主持这几大名校，足有15年之久。你想象一下，假如你身边有一个人，把广州几大名校的校长都当了个遍，你是不是会佩服得五体投地，卢乃潼当年就是这么一个让人佩服到不行的人。除了历任几大名校的掌门人，他还先后出任广东谘议局议长和广东造币厂厂长，在政商两界都风头颇劲。不过，与同时代的许多知识精英一样，无论表面上多风光，他内心都一直把家国之念放在首位，把服务桑梓的责任放在肩上。

说了这么多，却还没写到卢乃潼创办广东中医药专门学校的缘起。其实，换个视角看，可以说，不管是在东塾

广东中医药专门学校

先生门下求教，还是先后主持各大名校，都是在为他后来创办中医学校悄悄铺陈底色，这也正是人生的奇妙之处，你总是在不经意间靠近某个最重要的目标，然后发现自己之前所有的磨练与经历，都是在为完成这个最艰难的任务做准备。

卢校长化缘十年　药材商联手捐钱

1896年，卢乃潼受两广总督李翰章之托，召集各行各业的商人捐资修建炮台。因为这一机缘，他与省城的药材业有了交集。在三四百年前，广州的中药材业就已成了气候，浆栏路一带也早已成了繁荣的"药店一条街"。然而，20世纪初西洋药物源源不断而来之后，传统药材商开始感觉到了深深的危机，用省港药业同人当年向官方呈送的《论中西药书》的话来说，"年少省港药销之三千万巨金"，长此以往，将"人不亡我而我自亡也"。

危机当前，中药业又该以何自救呢？这些业内精英看得也很明白，"中药之锐减，亦中医不实力研求，业此者皆为米盐之计，人尽可为，其真伪莫辨，是不独草菅人命，业医术拙劣，而药品亦必无以自存"。把这段文言文换成大白话，就是说坊间半吊子的江湖郎中太多，以前西洋医药没进来时，他们还能混个舒服日子，洋药一来，就只有被淘汰的份了，而随着中医衰微，中药自然"无以自存"。因此，药商要想自救，只有一个办法，联手捐资兴学，筹办中医专门学校，培养名医高手，与洋药抗衡。不过，商人们虽然有钱，却没有办学的经验，恰在此时，卢乃潼"送上门来"。双方一拍即合，定意创办广东中医药专门学校，卢乃潼挥毫写下"风雨如晦,鸡鸣不已"这8个大字自勉,从此走上了一条创业的艰难不归路。

不过,人们在起意之时总是群情激昂,可到了真要掏钱的时候,又往往会心事重重地揣着荷包反复掂量,想着是否划算,这就是人性,它也在一定程度上解释了广东中医药专门学校的筹办何以会耗去10年光阴。这10年来,卢乃潼干得最多的一件事就是"找钱",他多次奔波于粤港两地,沿路一家家"化缘",终于募集到了10万大洋,此外,他一个人还募捐了学校整座礼堂的建设费用。"找钱"这样的事,写来只有寥寥几行,做起来却一定会脱掉几层皮,何况是卢乃潼这样的社会名流,以前只有人求他的份,化缘办学,却得拉下面子去央求别人,若没有一份将中医事业发扬光大的决心,他多半无法坚持下来。

培养近千毕业生　赠医救济八万人

从1913年起意筹备,到1924年广东中医药专门学校正式开学,整整10年过去了。在这10年里,筹钱伤神,报批伤神,招贤也伤神,到了开学典礼举行之日,卢乃潼已是一个白发苍苍的老者。面对从全省聚拢而来的莘莘学子,他发表了简短而铿锵有力的训词,其中说道:"中国天然之药产,岁值万万,民生国课,多给于斯,倘因中医衰落,中药随之,其关系至大。本校设立之宗旨,习中医以存中药,由中医以通西医,保存国粹,维护土货,以养成医学之人材。"细读这段演讲词,最打动我的还是"由中医以通西医,保存国粹"这一句,它说明,这个自幼求教于博学大儒门下的才子校长,对外来新知一直保持着开放的心态，绝非人们印象中的刻板冬烘，而只有在这样开放的心态下，真正的国粹才有可能被保存下来。

广东中医药专门学校建成后，卢乃潼依然尽己所能，求得学校的进一步发展。令人肃然起敬的是，他为学校干了这么多事，却连一分钱的薪水都没有领过，连续十多年，全是打白工。说实话，作为一个小女子，我对一心奉行"三纲五常，仁义之道"的封建大儒总是怀着一份警惕之心，但对卢乃潼"挽救国粹"的诚心与努力，也着实心服口服，不敢有太多别的想法。

学校成立不久，卢乃潼又办起了赠医所，一方面，这是为了延续广州中医"施医赠药，救世济人"的传统；另一方面，也为学生提供实习场所。赠医所办起来后，卢乃潼不禁"得陇望蜀"，要把它打造成一个专业的中医院，为此他再次开始了艰难的"找钱"过程。1926年，在他的努力下，粤港药材行联合发出募捐启事："我省港药业同人，不惜费十万之金钱，建成医校，近更于医校对门，创建留医院，为学生实习之地。我同人必须合力捐助，不拘多寡，集腋成裘，催促留医院成立，将来产出无数之良医，专用我国之中药，则医业之发达，靡有穷期。"可惜的是，这次"找钱"计划还未完成，卢乃潼就于1927年因病去世了，而他在病榻之上，仍然对学校与医院念兹在兹，不能割舍。

卢乃潼去世后6年，一所设施完备的中医院矗立在学校对面。据统计，从1933—1937年，短短4年时间，医院曾对8万多人施医赠药；而在此后的数十年间，广东中医药专门学校也培养出了近千名医生，悬壶济世，服务桑梓。

> 他学养深厚,将广雅书院藏书楼打造成了冠盖岭南的近代图书馆;他写得一手好诗,更难得一份真性情,冬日友人写信来,他便欣欣然写道:"寒天奉书,一室皆春矣";他一生忠君,说起慈禧和光绪西逃时只吃三个鸡蛋就泣不成声,却将最心爱的学生黄兴送出国门,保住了他的性命——一个"保守遗老"的标签下面,隐藏了多少丰富的人性。

梁鼎芬:
首掌广雅 冠冕楼雄踞岭南

"先生丰髯,健谈,虽好名,实无城府。工于为诗,清辞丽句,机杼自秉,非近代摹宋诸家所及……读之可令人忘尘,书札亦如此。"有一天偶然翻书,翻到了著名教育家王森然先生在20世纪40年代写下的《梁鼎芬先生评传》,乍一看题目,我心里开始嘀咕,梁鼎芬,不就是那个一心忠君,为了一根辫子倒地号哭的保守遗老嘛?王森然先生为何要为他写下洋洋万言呢?仔细一读,原来除了保守遗老的身份之外,他还有诸多方面不为外人知。他学养深厚,在担任广雅书院院长期间,将书院藏书楼打造成了冠盖岭南且具有鲜明近代色彩的图书馆;他写得一手好诗,更难得一份真性情,冬日友人写信来,他便欣欣然写道:"寒天奉书,一室皆春意矣";他一生忠君,说起慈禧和光绪西逃时只吃三个鸡蛋就泣不成声，却把自己最疼爱的弟子——革命者黄兴送出国门，保住了学生的性命；他又是个老顽童，自恃书法出众，记录杂事的小纸条也要两端用印，说是方便将来的粉丝装裱膜拜……

于是，我就忍不住要写一写他，既然北大都容得下拒不剪辫、上课还要带个童仆沏茶的"怪才"辜鸿铭，为什么我们不在这里容下当时就有"疯子"之名的岭南怪才梁鼎芬呢？

耿直翰林　太岁头上敢动土
疯狂书痴　岭南捐书第一人

说起梁鼎芬的求学历程，那可是"出身名门"。他的老师是18世纪岭南最有名的学者——东塾学派创始人陈澧。以我的粗浅理解，陈澧是一个百科全书派的学者，古文、算学、天文、地理、音韵、乐律无不涉猎，尤其擅长训诂与考据学。说起清代的考据学，真是博大精深，绝非我这样一个生活在现代都市里的小女子能够理解的，不过，梁启超先生曾用一句话说明了它的价值，即训诂与考据学是当时中国最有实证和科学精神的学问。作为岭南一等一的大学者，陈澧深受同仁仰慕，以至于坊间曾有过"平生不识陈东塾，便到南粤也枉然"的说法。

所谓名师出高徒，何况梁鼎芬本来就有"神童"之名，他在陈澧门下苦学数年，更是修炼得学富五车，文采横溢，年纪轻轻就中进士，入翰林，倘若没有意外的话，必定前程似锦。不过，除了从老师那里学来满腹学问外，他也继承了老师的硬骨头。1884年5月，他上书弹劾在中法战争中主张求和的权臣李鸿章，说李鸿章有6条"可杀之罪"。慈禧看到奏章后勃然大怒，决定先一刀杀了他，后来幸亏有人从中斡旋，才把他降为小到不能再小的官——从九品翰林。年轻气盛的梁鼎芬哪里咽得下这口气，于是自请辞官，顺便刻了枚"年二十七罢官"的印章，就卷起铺盖，回了广东老家。

可就算回了老家，梁鼎芬也过不了逍遥日子。因为东塾学派最重要的主张就是"经世致用"，为社会发展做贡献，空谈心性的逍遥派是让人瞧不起的。既然当不了官，梁鼎芬就决定去教书育人。1886年，他出掌惠州丰湖书院；次年，又出掌肇庆端溪书院；到1888年，广州广雅书院落成，他又受两广总督张之洞邀请，执掌广雅书院；直至1892年，张之洞调任湖广总督，又邀他执掌两湖书院，他这才离开广州。此后，他跟随张之洞投身洋务运动，办蚕桑学堂、武备学堂、农务学堂、师范学堂和各类中小学堂，边讲儒家经典，边引进科学新知。依我的浅见，梁鼎芬的确一生忠君，有过种种食古不化的奇谈怪论，但在对新学的接受上，他的态度并不算保守，这应该也与其年轻时接受了实证精神的启蒙有关。

爱读书的人未必有才华，但有才华的人一定爱读书，梁鼎芬就是个不折不扣的"书痴"，他对岭南文化的贡献也多半与书有关。在惠州，他四处派发捐书启事，为丰湖书院筹集到了上万册藏书；在端溪书院，各类藏书也有9000多册；到了广雅书院，有了张之洞的支持，他更设置了专门的书库——冠冕楼，"楼中规模宏大，复分东西两

清末,梁鼎芬(中)与广雅书院的学子合影

楹藏庋图籍,其通行本必备两部,供东西两省士人借阅"。东西两省,指的是广东、广西两省区;士人是指读书人。这个时候的梁鼎芬,当然还没有把藏书楼对普通老百姓开放的意识,那要到图书馆学大家杜定友先生在20世纪20年代执掌省图书馆时才成为现实。但任何问题都要历史地看,就算是对读书人打开大门,在当时也已是很了不起的创新之举了。何况,广雅书院还有一个特点,就是只教有用的实学,不教应试的八股文章,藏书楼里也几乎找不到八股书籍。这就好比在今天的应试教育体制之下,一个学校不教学生怎么参加高考,却只教他们怎么学会独立思考和认识社会,恐怕今天也没几个学校会这样做吧?所以,单凭这份与众不同的勇气,梁鼎芬就足以笑傲岭南甚至全国了。再看他写下的"借书约":"有书而不借,谓之鄙吝;借书而不还,谓之无耻。今之书藏,乃一府公物,非一人之私有,不借不如不藏,不读不如不借。"寥寥几句,把藏书楼的公益目的说得清清楚楚,而且读来铿锵有力,特别霸气。

写个手札　自称珍贵墨宝
爱妻出走　不念旧恶接济

出身大儒门下的梁鼎芬,最大的理想就是做个忠臣孝子,至今世间流传最多的也是他在辛亥革命后忠于前清皇室的逸闻,他讲学时经常说起慈禧和光绪西逃时的惨状,"皇太后和皇上每天只吃三个鸡……"说到这里已泣不成声,最后一个"蛋"字,是在学生的笑声中哽咽着说出来的;遇到那些西装革履的前清官员,他更是见一次骂一次,弄得人家见了他都绕道走。所以,当时人们就管他叫"梁疯子"。但除了看到他的愚忠外,我还是有点佩服他,要知道,时代变化如此激烈,他跟不上脚步,也不是完全不能理解,而他能长年累月地忠实于自己的信念,也没几个人可以做到,对吧?

以前,一说起忠臣孝子,我眼前就会出现一个老古板的形象,但梁鼎芬彻底颠覆了这个印象。他实在是过于骄傲和顽皮,不像是从圣贤书里走出来的,反而跟边捏虱子边聊天的魏晋名士有得一比。梁鼎芬写得一手好字,别人夸他的字"瘦劲古雅,俊秀飘逸",他自己也一点都不谦虚,哪怕写个小纸条,也常常要在首尾处盖上图章,别人问他原因,他就施施然说:"我备异日珍贵者之褾为手卷册页耳。"意思是说,就算这么一个小字条,也会被未来的粉丝珍重装裱,顶礼膜拜,所以,他要先为这些粉丝行个方便。听听这话,你也会觉得他很骄傲吧?

他骄傲,可也温情。除了一手好字,他还写得一手好诗,就算是给朋友们写的书札,也是"清辞丽句,机杼自秉,见之令人忘尘"。寒冬收到友人来信,他读完欣欣然回笔:"寒天奉书,一室皆春意矣。"内心没有一点真正的喜悦,肯定写不出这样的文字,而友人读了回信,必也会心一笑。他在广东教书时,曾因思念留在北京的妻子,写过一首首缠绵悱恻的小词,"开帘但见伤心月,照人谁似花如雪。曾记惜红芳,鸳鸯笑两行。云裳娇贴地,唤醒春醒无。灰尽较相思,香残一寸时"就是其中的一首。读惯宋词的读者也许会说,这样的文字,本就是传统文人擅长的,不能说明什么问题。可如果你知道,他的妻子本是当世才女,后来跟着他的朋友跑了,他因为放弃捉拿逃妻,即使受到朝中大臣的耻笑,也没出一句恶声。再后来,晚景困顿的妻子向他求助,他请对方喝茶时,将银票压在茶杯底下推了过去,然后恭送出门,既不见委屈,也没有愠色,你就可以知道,这份感情,在他心里藏得有多深。

　　写了这么多,回头再读,我自己都觉得惊讶,一个"保守遗老"的标签下面,其实隐藏了多少丰富的人性,而我写出来的,其实还只是很少的一部分。了解一个历史人物,是如此复杂和困难,了解身边的人,不也一样吗?

> 学海堂办学的80多年间,有著作问世的就有300多人,出版著作数千种。广州的学术圈也打破昔日的沉寂,成为全国瞩目的人文盛地。

阮元:
创办学海堂 促广州学术崛起

在清代数十名两广总督中,曾出过一个著名的政界"大拿"。他从26岁进入南书房,担任乾隆皇帝的"机要秘书"开始,之后屡屡出任封疆大吏,而且无论在哪儿都能上体君心,下察民情,既做到了让上下都满意,也使自己在官场上无惊无险,一路升迁,情商之高,令人叹服不已。此外,他学识渊博,不但精通文史考据,在天文、地理、数学、金石等领域的造诣也极为高深,同时极力主张学以致用,认为"圣贤之道无非实践"。在担任两广总督期间,他大力兴学,创办了清代岭南第一高等学府——学海堂(培养了包括梁启超在内的一大批时代精英,使地处偏远的广州因此一跃成为全国学术文化中心之一,引得同时代人纷纷发出"粤学今日可云盛极"的惊呼。)他便是清代著名学者阮元。

阮督精心布局　创办高等学府

说起阮元的仕途之顺，就算放到现在，也没几个人会不羡慕：1789年，刚刚25岁的阮元就中了进士，第二年参加朝廷组织的大考，其才学深得乾隆帝赏识，被点为第一名，之后他在南书房给乾隆当了几年"机要秘书"，接着外放，历任浙江学政、浙江巡抚、漕运总督、湖广总督、两广总督和云贵总督之职。说实话，阮元为人通达圆润，时不时说一些让皇上听了高兴的话，但他在封疆大吏的位置上稳坐几十年，凭的确实是真才实干。

一辈子做个能臣，已经非常不易，更难得的是，阮元从没停止过在学术上的探索。关于他有这样一句话：他是著作家、刊刻家、思想家，在经史、数学、天算、编纂、金石、校勘等方面都有着非常高的造诣，被尊为一代文宗。既已权高位重，他为何还要孜孜不倦，精研学术呢？其后世崇拜者、晚清名臣张之洞的一句名言或可揭示阮元的内心动力。张之洞说："世事之明晦，人才之盛衰，其表在政，其里在学。"阮元和张之洞真是同一类人。他们长袖善舞，在官场游刃有余，但与一般的官僚比起来，他们又多了一份家国情怀和社会责任感。所以，阮元不管到哪里就职，从政之余，都会大力兴学，推广学术，以求人才济济，国运昌盛。

很多时候，朝廷是把阮元当"救火队长"来用的。浙江海防告急，就调他主政浙江；漕运积弊重重，就委任他做漕运总督，兴利除弊；1817年，广东鸦片泛滥，洋人的

阮元画像

兵船动不动就来滋生事端，在湖广总督位置上还没待够一年的阮元又被急调至广东，就任两广总督。阮元一到任上，筑炮台、查鸦片，外与洋人斡旋，内查下属积弊，下了好一番功夫。地方志上说："终元任，兵船不复至"，可见阮元的努力还是起了一些效果的。至于20年后，天朝上国的大门被洋人的坚船利炮轰开，这是历史趋势，非阮元一人能够左右。

阮元到任两三年后，广东军务渐渐恢复常态，他终于有时间考虑办学问题了，学海堂的创办就此提上日程。

摒弃应试八股　全力培养通才

要想做好任何一件事，一要有钱可花，二要有人可用。阮元创办学海堂，钱是不愁的。作为封疆大吏，他自有办法为学海堂划拨官地，收取租金，充作经费。在用人方面，他有一个多达数十人的幕僚团队，其中不少人都是当时极有影响力的学术大家，他们成为协助阮元办学的得力干将。阮元能把这么多学术大家招到麾下，还真不只是因为有权，更多是因为他对这些真正有才学的人倾心相待，惺惺相惜。学海堂首任堂长、精通考据学的草根学者曾钊与阮元相识的故事就很能说明问题。

在结识阮元以前，曾钊是个一直中不了举的落魄秀才，不过以教教小孩子《三字经》为生。曾钊酷爱读书，又穷得买不起书，所以常去双门底的书肆蹭书看。有一天，他在"翰林苑"书店看到阮元编撰、委托老板刊印的《十三经注疏》原稿，一时爱不释手，因为刻书时间紧，老板只给了曾钊两天的阅读时间，曾钊索性就把铺盖卷搬到了书店楼上（不得不说，他碰到了"天字第一号"的好老板），秉烛夜读，边读还边在原稿上把错漏的地方都批注了出来。老板把原稿归还阮元以后，阮元看到曾钊的批注，不但没觉得丢面子，反而专门派人到书店找到曾钊，请他入府喝酒，对讲学问。曾钊顿时将这位阮大人引为知音，之后便抱着"士为知己者死"的热情，加入阮元的幕僚团队，为学海堂的创办和发展呕心沥血，毫无怨言。阮元的幕僚团队多的是曾钊这样的饱学之士，他们与阮元一起，决定了学海堂特有的理想主义气质。

1824年11月，学海堂在越秀山落成。学堂不大，几栋建筑依山而建，整个校园古榕掩映，木棉参天，课室门前湘帘半卷，清静安宁，站在学堂门口极目一望，珠江波澜壮阔，远处狮子洋和虎门如在眼前。全广州的确没有比这里更好的读书之地了，用阮元的话来说，这个地方最适合"养气"。在学海堂的选址上，阮元是费了一番脑筋的。他先后考察过荔枝湾、海幢寺、南园等地方，但不是嫌它们太狭小，就是嫌它们靠近闹市，容易分散学生的注意力。他考察了近一年，最后才选定了越秀山。

如果说阮元对学海堂的选址是用心良苦的话，那他对教育的改革可以说是不折不扣的先锋派。在学海堂创办以前，广州其实已经有不少书院了，但几乎没有一家不是以帮助学生通过科考为目的的，学的也都是格式固定、酸倒槽牙的八股文，奉行的完全是"应试教育"模式。学海堂的"招生简章"则在开篇就挑明：不教八股，只教助人经世致用的实学。

这倒不是说，学海堂就完全否定科举考试了。其实，没有生员资格的人压根入不了学堂的门，他们对八股文的格式已经很熟悉了，学海堂的目的是要把他们培养成能够学以致用，足可安邦定国的人才。因此，在学海堂的课表上，经史、诗赋、天文、地理、算学、校勘、博物等无所不包。学生对基础课程掌握到一定程度后，就可以选择一门自己喜欢的功课，深入钻研。用《学海堂志》里的话来说，就是"随其资性，任选一书，养其所长"。他们甚至还有选择老师的权利，可以"于学长八人中择师而从，庶获先路之导"，以"成就后进，教育英才"。从摒弃"应试指挥棒"，到实施通才培养策略，再到因材施教，可以说，学海堂是两百年前尝试从"应试教育"向"素质教育"转型的先驱。

精英尽出门下　广州学术崛起

阮元之所以力促学海堂不教八股，只教实学，有一大半倒是被现实逼出来的。当了多年的"救火队长"，大量只会寻章摘句，在实务上极端无能的下属让他头痛不已。根据学者董铁柱的研究，阮元主政浙江时，海盐县令连简单算术都不会，他只好找人现教；而在河南当巡抚时，他更是印刷了当时幕僚界"大拿"汪祖辉的政务管理学专著——《佐治药言》，发给下属，以帮助他们掌握一些基本的实务处理技巧。可这样的举动不过是"治标不治本"，要想真正减少"猪一样的队友"的数量，必须从改革教育做起，这样才能让年轻人从僵化的八股文里抬起头来，呼吸现实的空气，掌握经世致用的本事。他不是当朝皇帝，管不了整个国家的事，但既然主政一方，至少可以在自己治下的地域，尝试做一些改变。

正是出于"经世致用"的目的，阮元对自然科学表现出了极大的热情。本来，一般的书院是不开数学课的，只有最高学府国子监才开设基础算学课程。而在学海堂，天文历算是与经学一样重要的课程，阮元也经常亲自考察学生这方面的学问。在他给学生出的一道考题中，我们可以看到他远超同时代人的开放头脑。他问学生："今大小西洋之法，来至中国，起于何时，所由何路？小西洋即今港脚等国，在回疆以南古天竺处，元之回回历，是否如明大西洋新法之由广东海舶而来？……其考证之。"在这里，阮元不仅要求学生给出西洋历法之来源的答案，还要他们给出详细的论证。难怪梁启超先生说，阮元是当时为数不多的具有科学精神的知识分子之一。

学海堂开办不到10年，阮元就调任云贵总督，离开了广东，但他在行前做了一系列安排，从"学长联合治校"到将大笔资金付交当铺收利息支付办学经费，再到"研究生深造计划"，一一安排妥当。这些制度安排使学海堂顺利运行了80多年，直到1903年清政府实施新政，改革学制，学海堂才被迫关闭。这80多年间，学海堂培养了大量在近代学术文化史上名声响亮的人物，其中既有我们耳熟能详的陈澧、梁启超等大家，也有我们今天虽已不再熟悉，但在当时都是政治、文化领域的执牛耳者。据统计，学海堂办学的80多年间，有著作问世的就有300多人，出版著作数千种。广州的学术圈也打破昔日的沉寂，成为全国瞩目的人文盛地。

悬壶篇

可能尝燕乐,独肯念贫赢。
肉骨非无药,还生信有医。
——宋·王洋《代徐思远谢张李万》

> 我似乎可以闻到罗浮山上各种药草的香气，看到洁白的月光下，有一间小小的茅屋，窗前一灯如豆，灯下有一个安静的身影，在夏夜的蛙鸣中翻阅吟诵医学典籍，一直到深夜。

陈正复：
以育儿百科传世的道士

  这个题目看来有些奇怪，"老道"和"育儿百科"这两个风马牛不相及的事物，怎么会扯在一起了呢？老道难道不是远离尘嚣、修道炼丹、一心成仙的吗？他又不生孩子，为什么要跨界去写育儿百科呢？何况，育儿百科不是现在才流行起来的新事物嘛，而且新手妈妈们最推崇的，不是松田稻雄，就是西尔斯，反正都是外国人，岭南居然几百年前就有了大部头的育儿百科，会不会是故弄玄虚？这一个又一个问题，恰恰说明我们对岭南儿科学的无知，对一个个为其付出心血的"先生"的无知，只有透过尘封的史料，我们才能发现一个以前从未知晓的"美丽新世界"。

岭南最早育儿书　八百年前已问世

其实，若要追溯岭南医生写作育儿百科的传统，题中所言的"三百年"还真是短了点，其实最早的育儿百科问世已有800多年了。此书名为《幼幼新书》，是医学史界公认的岭南儿科巨著。说实话，以我现在的文言文水平，要读懂厚厚40卷的《幼幼新书》，那绝对是不可能完成的任务，不说别的，单是看看"形初保育""初生有病""禀受诸疾""惊风急慢""伤寒变动""诸疳异证"这些目录，我已经头晕眼花、云里雾里了。不过，"读不懂"一点也不影响我对作者如滔滔江水一般的敬意，要知道，这部《幼幼新书》是当时全球最为完备的儿科巨著，可惜当时不是"地球村"，否则这位名叫刘昉的南宋名家或许也可以像今天的西尔斯医生或松田道雄一样，成为备受新手妈妈热捧的"明星"。

中国有句俗话，"不为良相，便为良医"，可刘昉偏偏"做了良相，又要做良医"。他出生于广东海阳（今潮州），曾辗转在广东多地当官，后来还一度官至龙图阁大学士，所以人称"刘龙图"，就是跟家喻户晓的包拯"包龙图"一个级别。说起来，这位"刘龙图"大人的爱好还真有点"非主流"，别人当官之余，如果没啥不良爱好的话，那最多就是喝个酒、填个词什么的打发时间，他最喜欢的却是翻医书，收集药方子，估计《内经》《难经》《伤寒论》之类的医书都被他翻遍了。翻着翻着，他心里就起了感慨，因为针对小孩子的验方实在太少了，而在岭南这样的瘴疠之地，小孩子还特别容易得病，一旦"不惟世无良医，且无全书，孩抱中伤，不幸而陨于庸人之手者，其可胜计"。

为此,"刘龙图"下定决心,编一部最全备的育儿百科,从胎教到婴儿的护理再到各种疾病的治疗,无所不包,以使"少有所养,老有所终,家藏此书,庆源无穷"。

刘昉身为高官,经费的事自然不用发愁,但收集"古代圣贤方论"还算容易,要想深入民间,收集各类验方秘方,却并不容易,因为这些方子往往被视为传家之宝,绝不外传。因此,刘昉派出了一个"特工小分队",曲意寻访,四处打探,费尽心机,将数千张秘方验方从民间一点点套了出来。可惜的是,药方还未集全,刘昉就因病离世了。在他离世后不久,多达40卷的《幼幼新书》终于刊行于世,这部包含1000多条医论、7000多张药方以及200多条灸法的儿科巨著一举成为当时最完备的育儿百科全书,使后世小娃受益无穷。而此刻,我对着眼前泛黄的书卷,禁不住感慨,假如刘昉没有留下这一本书,那不管他的官阶有多高,也不过归于"古来将相何其多,荒冢一堆草没了"的行列,哪里还会在历史上留下印痕?

奇人上山修道炼丹　　老来写成育儿百科

继《幼幼新书》问世500年后,即17世纪末,又一个奇人在岭南中医儿科舞台上出现了。有意思的是,这个人居然还是个道士。在一般人看来,道士无非就是炼丹观象,寻求长生不老的人。不过,只要你翻一翻中国古代科学史,就会发现道士这个群体,与昔日科学发展的联系最为密切。寻求长生不老的热情,让他们远离俗世功名利禄的冀盼,把目光投向高远的宇宙,进而了解天文学;孜孜不倦地炼丹,让他们初谙化学的奥秘;深入山林识药采药,又让他们与医学结缘。所以，中国古代的道观里走出了不少科学家，也是在情理之中，我们今天这个故事的主角陈正复，就是其中之一。

言归正传，陈正复也是因为一部育儿百科而青史留名的，他给它了起了个名字，叫《幼幼集成》，正是"集天下之大成者"的意思。虽然他直到双鬓花白，才写成了这本书；但他写作此书的机缘，却在儿时就种下了。史料上说他"自幼禀亏多病"，故而勤奋钻研医理，又因天资聪慧，早早就厌弃了八股文章，一心想要做个自由不羁的道士。所以，他刚刚成年，就如倦鸟出笼，"飞"入罗浮山中，修道炼丹，识药采药，潜心研究医术典籍。或许是儿时遭遇了太多病痛，所以他在儿科典籍上尤为用心。虽然，史料上关于他修道学医的经历只有寥寥几句，但透过这几句话，我似乎可以闻到罗浮山上各种药草的香气，看到洁白的月光下，有一间小小的茅屋，窗前一灯如豆，灯下有一个安静的身影，在夏夜的蛙鸣中翻阅吟诵医学典籍，一直到深夜。我真觉得，这样的画面蕴含着无可质疑的美，也预示了陈复正以后的生命旅程。

上山是为了下山，在罗浮山学成之后，陈正复开始下山云游，诊治患者，足迹遍布岭南大地，就像苏东坡在一阕词中写的那样，"竹杖芒鞋轻胜马""一蓑烟雨任平生"。他也完全没有买房买车、置办不动产的念头，随身携带的不过几卷医书，一根手杖，一件蓑衣，平日诊病所得，足可供应生活。不管是达官贵人，还是贫苦百姓，甚至路边讨饭的，他都一视同仁，毫不偏待，因为在他眼中，他们在天地之间原本就是一样的人，并不分三六九等、高低贵贱。达官贵人自愿多给诊金,他照单全收;贫苦患者一分不给,他非但不以为意,还施医赠药,把富人多给的钱转头又花了出去,反正他自己"有衣有食",便已知足,余财要来也无用。说实话,你我这样的凡人,的确不能完全理解这样的人生,但这样的人生又让人羡慕不已,因为它蕴含着真正的安全感与自由。

就这样年复一年,不知不觉40年的时光过去了,其间他最用心看顾的,还是孩子们,用他自己的话说:"胎婴柔嫩之姿,乍离母腹,如水上沤,风前烛,防护稍疏,立见荡夭。"在他的细心诊治下,数以万计的患儿得以长大成人,而陈正复也积累了丰富的诊疗经验。正是这样第一手的经验,为他晚年写作《幼幼集成》提供了最为翔实的资料,也使他在博采众家之长时有了"有裨实用者取之,浮浮不切者去之……并素所经验者成全之"的底气。

与前辈刘昉的《幼幼新书》一样,《幼幼集成》也是一部从"护胎""胎教"到新生儿护理、小儿脾胃调理到各种疑难杂症无所不包的百科全书,问世之后一版再版,被历代医家列为儿科宝典。陈复正对"心急乱投医"的父母的批评与劝诫,让人受益匪浅。他说这些父母"儿稍不快,即忙觅医……前药未行,后药继至",以至于"不必病能伤人,而药可以死之矣"。看着文中一个又一个强烈的"嗟乎"之叹,想想今天儿童药物滥用的现状,你会不会觉得,虽然我们生活在一个现代社会,但写于300多年前的这部育儿百科的教诲,其实远未过时,这就是经典的力量,不是吗?

100多年前,为了发财下南洋的人不知凡几,为了学习人体解剖而下南洋,并在新加坡皇家医院潜伏三年、苦学不辍的,据我所知只有他一个。这样一个会被"务实"之辈嘲笑为"傻子"的人,最终被奉为中西医结合治疗的"一代宗师"。

陈珍阁:
"潜伏"海外学解剖

"光绪丙戌,余亲赴南洋星嘉坡(新加坡)英国王家大医院内,剖验人身脏腑经络筋骨肌肉皮毛,层层剖视,其有细微难见者,则制一影大镜以察之,如一头发影之大如竹管,见发内有孔有油有液,了了可辨。余寓于此考验三年,然后知华夷脏腑同一式。"这段有关人体解剖的文字,是我从岭南名医陈珍阁所著的《医纲总枢》序言中摘录下来的。今日看来,人体解剖很是稀松平常,但百多年前,那是"连逆不法"的犯罪行为,谁敢这么干,就会被关进监狱吃牢饭。陈珍阁因此不得不远渡重洋,在新加坡英国皇家医院内"蹲守"3年,时常与一具具被剖开的人体"亲密相伴",天天认真观察、细究端详,归国写成《医纲总枢》,终成中西医汇通的"一代宗师"。

当然，陈珍阁只是当时痴迷人体解剖的医界先驱中的一员，而这些先驱为打破禁忌所付出的不懈努力，也永远值得我们纪念。

解剖人体犯大罪　冒险坐等吃牢饭

今日医学昌明，解剖更是医学生的必修课。我有个好朋友，在本地某医学院苦读8年，一和我聊起上解剖课的各种段子，能滔滔不绝说上3个小时，像什么从最初一进解剖室就吓得要死要活，到后来下了课马上就能气定神闲地啃鸡腿；期末考试前一个人图清净躲在解剖室，在"大体老师"（遗体）的陪伴下温习功课，时常听得我一惊一乍。有一次，她甚至还鼓励我为献身科学而减肥，说像我这样的胖子，就算将来把遗体捐出去供人研究，也不一定受欢迎，因为脂肪太多，大家得先吭哧吭哧切半天，才能切到有用的器官。听着这样的揶揄，我真是气不打一处来，胖子活着让人看不起就算了，居然死了也不招人待见。还好我历史书看得多，当即恨恨地回她一句："你要早生一百多年，像你这样常常切人腿的家伙，早就被关进监狱吃牢饭了，哪里还轮得到你啃鸡腿？"这下轮到她一惊一乍了："这么基础的知识，怎么能不学呢？这到底犯了哪门子法？"看她不再纠缠于有志于献身科学的胖子要不要减肥的问题，我不禁舒了一口气，于是对她娓娓道来。

我们的故事从一个岭南名医讲起。这个人名叫陈定泰，生活于19世纪上半期，原本是新会人，之后来到广州。要说他真是个"医痴"，古往今来的医学经典看了不下数百卷,方才悬壶济世。可在几十年的行医生涯中,他留意观察,发现历代医书上那些有名的方子,有些有奇效,有些却并无效果。作为一个认真的人,陈定泰肯定不会满足于"医缘"这样的说辞,这说了不等于没说吗?说来也巧,就在深感纠结的时候,他遇见了当时一代名医王清任的一个传人,得到了王清任经过多年实证考究绘成的《考真脏腑十一图》,与他在传统医书里看到的大为不同,顿时如获至宝,至此对人体解剖发生了浓厚兴趣,觉得这是解除自己困惑的一大法门。

我刚讲到这儿,那位喜欢在解剖室里夜读的朋友白了我一眼:"喜欢就去学呗。"唉,她想得实在是太简单了。要知道,中国千百年来以孝治国,所谓"身体发肤,受之父母,不敢毁伤",这"身体"不仅是指活着的躯体,也指死后的遗体。所以,根据当时的法律,别说故意解剖人体了,谁在路上碰见尸体不掩埋,或者把尸体烧了,那都是忤逆不法的罪过,不是"徒二年",就是"徒三年"。所以,就算陈定泰对人体结构再感兴趣,也断不敢去学这么一门"大逆不道"的学问。

其实,比他早几十年的名医王清任,说是"实证考究",但也没解剖过一次。他对人体结构的了解,全是"旁观而来",何时闹瘟疫死了人,他就不避危险,躲到荒郊坟地避人耳目的地方,持续仔细观察,直到尸体腐烂;又或者哪里正在对犯人处以剐刑,他就躲在一旁,从头看到尾,比较、鉴别各种脏器的真容。说实话,这两种办法实施起来不但需要非凡勇气,还需要特别能忍耐的精神;反正我只要想一想这些场面,胃里马上就会泛酸。正是因为有了这些"非一般"的现场考察经验，王清任才写出了轰动一时的《医林改错》，而他绘就的《考真脏腑十一图》也有了超越前人的准确性，从而也给了陈定泰"非一般"的启发。

虽然不敢实地解剖，但有着怀疑精神的陈定泰是绝不会只满足于"看图说话"的。幸运的是，他生活在广州，而早在鸦片战争以前，这里已有西医传入了。当他七弯八拐，得知"洋人死而不明其症者，一则剖割视之"时，真是兴奋非常，于是，在一个朋友的带领下，他不但深入洋人诊所现场观摩手术，还拿到了几百张解剖图。陈定泰将这些解剖图痴痴把玩了无数遍，由衷发出了"自皮肉之毛，以至筋骨之髓，自脏腑之大，以及经络之细，层层绘画，精之异常"的感叹。后来，陈定泰在详细考查这些解剖图的基础上，又对上下两千年的中医典籍广征博考，终于写出了汇通中西医的第一部专著——《医谈传真》，他也因此被誉为岭南"中西医汇通第一人"。我对医学大家的内心世界相当缺乏了解，不过当我跟那位将"大体老师"视为夜读良伴的好友说，如果陈定泰能有机会亲临解剖现场，一定会特有幸福感时，她也不住点头。看来，无论时代怎样变迁，真正的医者，都有着同样一份求真的心。

远渡重洋学解剖　名医"潜入"新加坡

半个世纪后，陈定泰未完成的心愿被他的孙子陈珍阁完成了。史料上说，陈珍阁"幼承庭训"，对祖父所著的《医谈传真》一学再学，故而早早也成了医痴。与祖父一样，他也特别有怀疑精神。他一遍遍研读祖父保留下来的解剖图，但内心也总是不断冒出问题：为什么洋人绘就的解剖图与王清任绘就的解剖图不同呢？是不是洋人和华人的身体构造真有什么不同，要想回答这个问题，除了找几个华洋"大体老师"解剖，认真对比一下，也实在没有更好的办法了。

陈珍阁反复思量，在家门口搞解剖，仍然免不了吃牢饭，既然国门已经打开，不如到南洋去开开眼，那里华洋病患甚多，最有助于解答他的困惑。就这样，1886年的一天，他登船远航，一路南下，直至新加坡，这才弃舟登岸，在英国皇家医院内"潜伏"下来。说实话，在陈珍阁的时代，为了谋生与发财而下南洋的广东人不知凡几，但像他那样为了弄明白一个问题而下南洋的人，大概一万个人里头也找不出一个来。在"务实"之人看来，陈珍阁多少有点"吃饱了撑的"，犯傻气，可如果没了这样犯傻气的人，历史不知会变得多乏味。

陈珍阁就这样在英国皇家医院里"猫"了下来，每有现场观摩解剖的机会，他总是牢牢抓住。后来，他在其汇通中西医的名著《医纲总枢》内写道："所有唐番人等在院内病死，即剖割视之，以教诸生徒，剖验人身脏腑肌肉骨骼皮毛，层层剖视，其有细微难见者，则制一影大镜（放大镜）察之，如一头发之影大如竹管，了了可辨。"陈珍阁在这里一待就是3年，除了现场观摩，也常亲自动刀。通过一次次对华洋"大体老师"的仔细研究，他终于得出结论：华人与洋人的脏腑并无不同。为了将这一发现传递给国内同行，他专门将自己通过解剖所观察到的人体脏腑图一一绘制下来，以"明千古之惑"。这口气听上去有点大，但作为中医界远渡重洋、苦学解剖的第一人，他这么说，也不是一点底气都没有。

　　了解人体结构是为了治疗疾病,身为"医痴"的陈珍阁从未忘记这个目的。他"潜伏"于新加坡皇家医院之时,恰巧有霍乱暴发,他一连解剖了3个死于疫情的患者,发现个个"内脏多黑血",便提出了"行血解毒"的中医治疗方案。我是外行,无法对他的治疗方法知道得更多;但他被奉为中西医结合治疗的先驱与"一代宗师",却是公认的史实。而他远渡重洋努力求真的勇气与智慧,也让我们倾佩不已。

> 这个两百多年前的"科考落榜生",偶尔在澳门接触到"牛痘"之术,竟然改行从医,发奋自学,为儿童接种牛痘,成"南粤种痘第一人"。正是由于他数十年如一日的努力,中国近百万小儿郎才得以逃脱天花病毒的魔爪,安然存活。

邱熺:
引进牛痘 征服天花的"落榜生"

在持续数千年来的人类历史上,天花历来是人们谈之色变的夺命杀手。直到1979年,世界卫生组织宣布天花被彻底消灭为止,古今中外不知有多少医界精英为之付出了毕生心血甚至生命。而当我在这一张长长的名单中,看到南粤前辈邱熺的名字时,内心不由得备感亲切与骄傲。这个两百多年前的"科考落榜生",偶尔在澳门接触到"牛痘"之术,竟然改行从医,发奋自学,多年奔波于粤澳两地,为儿童接种牛痘。他还孜孜不倦,著书立说,并将衣钵传之后世,终成"南粤种痘第一人"。正是由于他数十年如一日的努力,中国近百万小儿郎才得以逃脱天花病毒的魔爪,安然存活。这位"落榜生"的成绩之大,再怎么强调也不过分,而重读他的故事,我们或许会对"人生的可能性"

多出一份希望。

考场失败去经商　接触新知改学医

说起邱熺在两百年多前将牛痘术引入南粤乃至全国的努力，不管是两百多年前的地方志，还是当代的历史学者，都给予了很高的评价，而"种痘先祖""南粤种痘第一人"的桂冠，也是对他数十年勇斗天花病毒，从而使百万小儿脱离病毒魔掌的真心嘉许。不过，当我对这位岭南名医产生兴趣之后，居然找不到他的一张肖像。虽说那时照相术尚未发明，但有名有姓的古代官吏，多有画像留存后世，这么一个为医学进步做出巨大贡献的人，却一直默默蛰居于正史的边缘，难免令人有些唏嘘。

幸好，当年与邱熺共同生活过的人留下了些许文字记录，可以给我们一点想象的空间。1774年，即广州一口通商的十三行时期，邱熺生于广州府南海县，是个地道的广州人。与他幼时一同求学的伙伴叶大林曾说他"少有异质"，老师曾"一见而器重之"，预言他将来必有成就；另一名童年玩伴钟启韶则说他"善鼓琴"，有很好的音乐天分；说到他的长相，后来与他共事的英国医生皮尔逊曾给他送了个外号——"长头大夫"，单从这个外号来看，恐怕我们就不能妄自猜测他长得有多英俊潇洒了。

然而，不管是"少有异质"，还是"善鼓琴"，都不能为他在科考场上加分。19世纪初，年近三十的邱熺名落孙山，科场失意。在他那个年代，不少人会一年年执拗地复读，期待有朝一日金榜题名，光宗耀祖，但邱熺显然不是这样一根筋的人。珠江上中外商船的簇簇帆影让他看到了人生的另一种可能，不久，他就搭船顺流而下，来到澳门，打算经商为生。正是在这里，他遇见了带来牛痘术的一群英国医生，并因此改写了自己的后半生。

天花肆虐心不平　　以身试验学种痘

在细说邱熺在广东乃至全国广传牛痘术的故事之前，且让我略费一点笔墨，讲一讲古时天花肆虐的惨状。据史料记载，约在公元1世纪，天花病毒就被交趾（今越南）战俘带到中国，晋代南粤医学名著《肘后方》中也第一次出现了关于天花的记载。自传入之后，一直到19世纪，天花都是威胁人们，尤其是儿童生命的"杀手之魁"。我记得以前看电视剧《康熙大帝》时，总觉得幼年康熙出天花时被孝庄太后悉心呵护的桥段十分温馨。后来查了资料才知道，那不过是小说家的想象，按照当时的规矩，皇子一出天花，必须离宫别居，以免扩大传染，康熙也不例外。说得难听一点，就是让他们自生自灭，命大的，侥幸存活，以后光是"出过天花"这一条，就为他们提供了角逐皇位的特殊资本；命薄的，就只好呜呼归西了。1725年，雍正帝就曾发布一道谕旨，哀叹皇族"限于子息者，大多为出痘所殇"。连富有四海的皇帝都徒唤奈何，普通百姓的遭遇就更不用提了，就拿广州来说吧，那时几乎每天都有好几辆载着患儿尸首的丧车出城，一年365天，从没中断过。

话扯远了，回头再来说邱熺。在其留存后世的医学名著——《引痘略》一书中，邱熺用很平常的口气讲述了自己与牛痘术的初次相遇。他说，1805年4月，有英国医生

牛痘术在中国的传播,将无数儿童从天花病毒的魔掌中解救了出来

将牛痘术初次传入澳门,"予时操业在澳,闻其事不劳而有效甚大也。适予未出天花,身试果验"。在接种牛痘后不久,他就开始学习接种术,为他的朋友和家人种痘。这话虽说得平淡,细想却一点也不平常。要知道,那时天花几乎是绝症的代名词,他却愿意冒着患天花的风险,拿自己的身体做实验,来尝试牛痘这一新生事物,还真不是一般的勇敢;而他在学习种痘术后,很快又能说服自己的亲朋好友来同做"试验品",可见口才也实在不错。当然,后来史学界也有人分析,邱熺之所以火速转向,学习"牛痘术",是因为看到背后潜藏的巨大经济利益。说实话,我觉得这样的分析真有些妄加揣测、实际中伤的味道,如果没有过人的先见与勇气,没有对无数身陷天花魔掌的垂危患儿的怜爱之心,谁会愿意冒着生命的危险,去换区区钱财呢?

痴心劳碌数十年　百万小娃脱魔爪

邱熺在亲友身上再次"试验"成功后,就开始奔波于粤澳之间,进一步推广牛痘。对他来说,幸运的是彼时十三行商人正富甲天下,而他们又很热心公益。在这些富商的支持下,1810年,邱熺和一群同道在广州西关办了第一个种痘局,免费为街坊四邻种痘。然而,就算是免费,一开始也应者寥寥,毕竟,在普罗大众看来,牛、人不同气,牛痘接种到人体内,谁知会长出什么幺蛾子呢?眼看牛痘又有失传的风险,邱熺和几位同道一商议,推出了一项力度更大的优惠措施——谁来替孩子种痘,免费不算,还要赠送一笔"果金"(感谢费)。于是,在这笔"果金"的诱惑之下,就有穷人带着孩子前来"种痘"了,慢慢地,种植牛痘的孩子越来越多，人们看到他们非但没出什么问题，而且在天花肆虐之时一个个安然无恙，渐渐就开始信任牛痘了。说来很有意思，牛痘这一新事物的普及，从贫民阶层至上流社会，走的完全是由下而上的"底层路线"。

不过，以赠送"果金"的方法来让老百姓接受牛痘，在广州一个地方试试还行，但要把牛痘推广到全国，如果都用这个方法，就算资助邱熺的十三行商人再富有，也非破产不可。还好，邱熺想到了另一个颇有推广效果的办法——用中医理论来解释牛痘的合理性。1815年，他出版了传之后世的医学名著——《引痘略》，书中说道，牛、人并非不同气，相反，牛属土，人五脏中之脾脏也属土，所以牛与人的脾气同属一气，天花病毒存在于五脏之中，但其在脾脏中毒性小，而在肾脏中毒性强，所以属土的牛痘最容易将脾脏中的天花病毒引出来，这样就使得全身免受其害。翻一翻《引痘略》，这样的说法比比皆是，虽然被英国医生批为"故弄玄虚"，但它们完全符合当时国人的心理状态，有力地扫除了牛痘在国内传播的理论障碍。《引痘略》先后再版50多次，影响极大，后来连两广总督阮元、晚清重臣曾国藩等名人都将邱熺奉为座上宾，邀他为其孙辈接种牛痘。出于感激，他们还纷纷吟诗作赋，盛赞邱熺种痘的功德。而这些诗歌，又被邱熺编入《引痘题咏》，为他进一步推广牛痘做了活广告。19世纪中期，牛痘已经传入江西、湖南、湖北、浙江等地，在中国的传播速度并不慢于欧洲，而邱熺的著作在这一进程中功不可没。

邱熺在著书立说的同时，也将衣钵传给了自己的儿子邱昶。他晚年之时，有京城名流邀请邱昶进京，传种痘术，邱昶原本觉得父亲年迈,想要推迟,但邱熺坚持要求儿子北上,于是邱昶谨遵父命,赴京设立种痘局,耗时十多个月,为数百小儿接种,牛痘术就此传入北京。

  1851年,邱熺去世,临终前仍放不下推广牛痘之事,谆谆告诫后辈,使昶"永其传"。而根据相关史料,到此时为止,中国已有百万小儿受惠于邱熺推广的牛痘术,逃离天花病毒的魔爪。这个惊人的数字,更像一座无形的丰碑,纪念着这位昔日"落榜生"为医学进步付出的所有心血。

正是因为"救人垂危，活人无数"的经验与中西合璧的理论作为根基，不仅曾天治本人成为老广州数一数二的针灸泰斗，他的学生们还曾远渡重洋，将针灸技术传至海外，其中甚至还出现了被誉为"美国针灸之父"的名医。

曾天治：
针灸先驱 飞针穿纸苦练救人术

"针灸治疗，极易成功。普通人学习半年可以卒业，新医界半月已足。因研究针灸只需学（一）经穴（二）手术（三）认清病症而已……"这是20世纪30年代广州针灸泰斗曾天治先生发表在1936年第12期《医药评论》上的一段话。虽说我已知道他是近代广州针灸界公认的泰斗级人物，并被写入多本医学史教材，但读到这段话时还是大吃一惊，这把针灸说得也太容易了吧？我莫不是遇见了一个会吹牛的大师？可是，当我仔细翻阅资料，发现他曾有多么较真与执着时，就慢慢明白，他说的是最真实的感受。其实，像你我这样的平常人，别说花上半年，就是花上10年，也不一定成得了大师，但他一步步认真锻造自己的人生历程，还是可以给我们带来一些启发。其实，只要你足够努力和认真,很多"不可能"都会变成"可能"。

老母幼子重病亡　痛彻心扉要学医

曾天治是由报纸编辑、中小学教员转而"炼"成一代名医的。据史料记载,曾天治出生于广东五华农家,弟兄姐妹几个中,唯有他得到了上学读书的机会。肄业后,他当过几年小学教员,后来又做了几年报纸编辑,之后又当了三四年中学教师,虽说不算显赫,但至少也算得上安稳。如果不是人到中年时遭遇巨大的变故,或许这安稳的日子就可以一直持续下去。

这一场人生变故确实是摧人心肝的,短短数年间,他的长子因脑膜炎、次子因赤痢、老母亲因水腹而"屡治不愈",一个个不幸辞世。在后来写就的《针灸医学大纲》自序中,曾天治回想当年的心情,说自己真恨不得"研究超常的疗法,快捷的医术",以"挽救垂危"。恰在这时,他从《申报》上看到了"中国针灸学研究社"的招生简章和大量被针灸治愈的案例,便动了改行去学针灸的念头。

然而,动念是一回事,有没有勇气去实现,却又是另外一回事。中年改行,本已冒险,从事针灸,更是前途叵测。要知道,自从19世纪中期道光皇帝认为针灸疗法让人赤身裸体,有伤风雅,因而一纸禁令将针灸师逐出太医院之后,百多年来针灸师的日子一直不太好过,就算是在广州这么一个中医传统非常浓厚的地方,针灸师也是寥寥无几,平民百姓甚至常把"针灸"读成"针炙"。针灸如此不得势,别说学起来有多辛苦,就算学成了,能否糊口还是个问题。

换了平常人，多半想想也就算了。幸而曾天治拥有超人的勇气，他既已立志学习这一"超常疗法"，就不会轻易放弃。于是，1932年春，他毅然离家北上，拜当时国内有名的几位大家为师，从零开始，研习针灸。

人到中年从头起　中西合璧习绝技

翻阅相关史料的时候，一直有个问题萦绕在我心头，假如曾天治不是遭此变故，在人生大痛中立下研究"超常疗法"的志向，他还有没有可能在人到中年时毅然选择一条"少有人走的路"，从零开始？我想，答案多半是否定的，因为人们超常的勇气多半都来自其深厚的内心情感，而不是单纯地要维持或改善物质生活的欲望。

言归正传，曾天治学习针灸的时间并不长。1932年春，他北上拜师，1933年9月即学成返粤。不过，就在这短短一年半的时间里，他师从当年蜚声中外的针灸澄江学派的创始人承淡安先生，学得了一手绝技，后来他之所以有底气在《医药评论》上撰写文章，说"针灸治疗，极易成功，普通人学习半年，即可卒业"，也是在用自己的经验说话，而不是随便"忽悠"。当然，他能这么快学有所成，一来是因为拜到名师，二来也是他自己特别"较真"。为了弄清复杂的经络走向与人体数百个穴位的定位，他买来一摞摞针灸书籍，一本接一本苦读，结合解剖、生理等西医经典，仔细对照，并将要点一一记在小卡片上，随时随地背诵记忆，直到倒背如流为止。

为了在人体上找准穴位，他居然还拿夫人"练手"，对照图谱和卡片，在夫人身上将穴位一一点出；而为了练成"无痛进针"的功夫，他经常苦练一套"飞针穿纸术"：几十张纸摞在一起，一针"飞"过去，迅速穿透，绝不拖泥带水。正是因为这样非同寻常的勤奋与用心，曾天治才在短短一年半内练就了一手针灸绝技。我记得鲁迅先生曾说过一句话："哪里有天才，我是把别人喝咖啡的时间都用在了工作上。"这话用在曾天治先生身上也完全合适。

朋友圈里攒口碑　针到病除医馆火

绝技既已练成，就该悬壶济世，实现自己弃文从医、"挽救垂危"的初心了。可是，问题来了，针灸在当时广州城里的影响并不大，用曾天治自己后来在《科学针灸治疗学》一书中的话来说，"广州人士，多不知针灸为何物"。那么，该怎么走出第一步呢？说起来，曾天治的办法很简单——在朋友圈里攒口碑。几乎每个晚上，他都会叫上三五好友，摆开"龙门阵"，绕来绕去总要说到针灸治疗疑难杂症的好处上去，并暗示自己已经掌握了这门绝技。想想后来被写入多本岭南近代医学史的针灸泰斗也曾这样费力地在"朋友圈"里推广自己，我不觉有些酸楚；不过，转念一想，曾天治大摆"龙门阵"的时候，未必会有这些情绪，针灸既是内心所爱，不断有人来听，岂非不亦快哉？如果换到今天，他还可以开个公众号什么的，可在当时，几乎每天只靠自己一张嘴，还要讲得人爱听，想来他也一定很能侃。

就这样一天天侃着，慢慢地有朋友来找他扎针了，然后又有朋友的七大姑八大姨听着风声，来找他看病了。所谓"有了金刚钻，好揽瓷器活"，凡经曾天治诊治过的患者，10个倒有9个痊愈了。要知道，这些患者中有很多是久治不愈的，这一下被曾天治的几个银针治好了，真是又快又便宜，日后少不了替他大做广告，就这样，"一传十，十传百"，曾天治在坊间有了很好的口碑。

1935年春，曾天治在万福路开起了自己的医馆，前来求诊的患者一日多过一日，他再也不用靠摆"龙门阵"打开局面了，再说，他也压根没时间去摆"龙门阵"了。就在这一年，他仅仅"针刺"3次，就治好了广州兴汉国医学校校长多年的失眠症，校长激赏之余，请他在学校开设针灸课程；随后，光汉中医学校也将他请去，主讲针灸课，正是为了开课需要，曾先生主编了《针灸医学大纲》作为课本。有趣的是，曾当过报纸编辑的他，还特意将当时坊间报纸对他的一些报道附在其后，以作宣传，真是不失"媒体人"的本色。

单在中医学校讲课，并不能满足曾天治"针灸应公开研究"的愿望，于是，他随后又自行在泰康路开设了"科学针灸治疗讲习所"，招揽了一大批志在研习针灸的热心学子，传道授业，并编写了《科学针灸治疗学》一书作为讲义。之所以冠以"科学"之名，是因为他将传统治疗中"迷信禁忌删除不用，玄学理论一笔勾销"，依照现代医学的理论将"疾病按脏器分类"，并选出100多种"药治不易见效，而针灸治疗有特长"的病症作为"主攻"对象，一一悉心传授给学生。难能可贵的是，对这100多种疾病的认识，全是他在一年年治病救人的日子里积攒起来的，有"救人垂危，活人无数"的经验与中西合璧的理论作为根基。

正是因为有了这样坚实的根基，不仅曾天治本人成为老广州数一数二的针灸泰斗，他的学生们还曾远渡重洋，将针灸技术传至海外，其中甚至还出现了被誉为"美国针灸之父"的名医苏天佑。这样了不起的成就，或许是曾天治在当初独自踏上这条路时压根没有预见到的，但正因为有了他"不忘初心"的较真与执着，所有的"不可能"才成"可能"，不是吗？

科技篇

天高地迥,绝宇宙之无穷;
兴尽悲来,识盈虚之有数。
——唐·王勃《滕王阁序》

在众人眼里，他是个其貌不扬的小老头，可一站到星空下，他就是得道高人。李明彻不鸣则已，一鸣惊人，写成了广东古代唯一一部天文学著作——《寰天图说》。

李明彻：
爱星空 更爱岭南百姓

全真教龙门派第20代弟子、隐逸山林的得道高人、写出广东古代唯一一部天文学著作的科学家、成就卓著的测绘学家、面对大旱巧用市场杠杆平抑米价的智者……当这些标签贴在同一个人身上时，你的仰慕之情是不是如滔滔江水绵延不绝？这个超级大牛人，就是两百年前广州漱珠岗纯阳观观主李明彻。清净自守、识心见性的道家传统，勤于思考、注重实证的科学精神，拯救苦难、济世利人的社会关怀，是如何并存于他心中的？又是什么样的内心动力支持着他，使他从未停止过对星空的仰望和热爱？

全真教嫡传弟子　建宇宙理论模型

数年前，被戏称为中科院"扫地僧"的遥感专家——

李小文院士一度在网络上爆红。李院士一身黑布衣，光脚穿着黑布鞋，架着二郎腿，在中科院的讲坛前做讲座，完全是一副屌丝大叔的形象，但因学养深厚，引来膜拜无数。如果我们一起穿越回19世纪初的越秀山龙王庙内，我指着一个看管香火的小老头对你说："看，这就是我刚才跟你说的超级牛人李明彻。"你肯定会被惊到，这个其貌不扬、话不多的小老头，"屌丝"气质跟李院士有得一拼，真是他写出了广东史上最了不起的天文学专著？真是他掌握当时最先进的地图测绘技术？

俗话说，人不可貌相，在龙王庙的大殿里，李明彻不过是个靠看管香火维持生计的小老头；可一回到他的斗室，或者一站到观测台上，他就马上成了目光深邃的天文学家。当时，他的巨著《寰天图说》还没写完，但一个领先时代的宇宙理论模型已在他的大脑里构思成型了。

说起理论模型在科学上的重要性，咱不提别的，讲讲爱因斯坦的广义相对论就知道了。其实，$e=mc^2$这个方程也就是个理论模型，可自从有了它，整个人类历史都被改写了。按照李明彻的构想，"地本正圆，居天圆之中。天包地外，如卵裹黄，自是天依乎地，地依乎天……夫天之形象浑圆如球，昼夜旋转……"明眼人一看就知道，他提出的宇宙理论模型，还是"地心说"。可能有人要问了，哥白尼不是在16世纪后期就提出"日心说"了吗，李明彻直到19世纪初还坚持"地心说"，有什么先进可言呢？话可不能这么说，要知道，直到1867年李善兰出版《谈天》一书之前，国内学者对"日心说"几乎是一无所知的，李明彻靠着一己之力，苦心钻研，提出一个远远超越于时代的宇宙理论模型，比一般人牛得真不是一点半点。

一部寰天图说　填补历史空白

你也许又要问了，一个看管香火的无名大叔，又是如何掌握构建宇宙理论模型这种绝活的呢？这就得从李明彻的少年时代说起了。李明彻出生于18世纪中期的广州，年少时就显露出异于常人的一面。别的孩子都是老老实实读"子曰""诗云"，为科考做准备，他却一心想要修道，研习了很多道家经典。12岁时，他征得父母的同意，到罗浮山拜师学艺。要说李明彻的父母还真开明，想当年我从法学院毕业，放弃了投资银行的面试机会，投身于新闻业，妈妈还整整几个月没理我呢，李明彻要出家当道士，父母居然如此淡定，的确也是高人。

不过，李明彻在罗浮山转了一大圈，并没访到名师，无奈回到家中，开始刻苦自学。他长年累月，一边看道教经典，一边读诸子百家，顺便还浏览西学著作，学问日见精深。由于早就放弃了科举考试，随着年岁渐长，他决定学门手艺，以备不时之需。为此，他专程前往澳门，开始学习洋画。这时，曾对李明彻关上过一道门的老天爷，又为他开了一道窗。李明彻的画艺渐渐小有名气，最后传到了两广总督的耳朵里。当时，广东正要向朝廷进贡一些洋画，两广总督就请了他来作画，并委托他将这批画运送进京。这个美差让他得到了在钦天监参观学习、请教宫内中外天文学家以及浏览珍贵天文学典籍的机会。

作为全真教龙门派的传人，李明彻跟天文学的渊源相当之深。全真教创始人王重阳及其大弟子丘处机（对，就是你在金庸小说里读到的两个大牛人）都是中国宇宙学史上赫赫有名的人物，留下了大量与天文观测有关的著作。通过研读这些著作，李明彻打下了相当扎实的功底。所以，他走进钦天监，真是又惊又喜，立刻埋首苦学，"如饥似渴"四个字都不足以形容他的勤奋。待他离京返穗时，功力又比之前涨了好几成。

李明彻回到广州后，先是在白云山修道，后来年纪大了，为了解决吃饭问题，他到越秀山上的龙王庙里看起了香火。在众人眼里，他是个其貌不扬的小老头，可一站到星空下，他就是个得道的高人。其实，通过大半辈子的刻苦自学，李明彻不仅在天文学上有了很深的造诣，还掌握了一手先进的地理测绘技术。不过，也许是感觉火候还不够的缘故，他迟迟没有把这些心得写出来。平时，他也很少对外人谈起自己的研究，所以庙里的"同事"除了知道这个小老头画画不错外，对其他事情几乎一无所知。

在史上最伟大的通才——达·芬奇的传记里，我曾读到这么一个细节：达·芬奇有一次在米兰远郊观测星象，当时城内正在激战，火光依稀可见，可达·芬奇丝毫不为远处的纷乱所动，壮阔的星河使他内心充盈着追寻真理的喜悦与平静。我想，李明彻数十年如一日，坚持仰望星空，一定是感受到了相似的喜悦与平静。这听起来有些抽象，但如果你真愿意把自己放到他们二位所处的情境下好好体会，也许就能感受到同样的喜悦。

就这样，李明彻在龙王庙里看管香火、仰望星空、研读经典、思索问题，年复一年，直到双鬓斑白。如果他一直这样"逍遥游"下去，广东古代唯一一部天文学著作就不可能出现了。还好，一个贵人适时出现了。据学者陈泽泓撰文所述，当时的广东盐运使卢元伟是个天文学爱好者，某一年，卢元伟的表弟来广州探亲，寄居在龙王庙内，卢元伟常来龙王庙闲坐，与表弟谈论天文学问题。李明彻沉默了那么多年，这时却心痒难搔，忍不住也加入讨论。两下里一交流，卢元伟对李明彻的博学叹为观止，极力鼓动他把研究心得写下来。李明彻混迹龙王庙多年，就没碰上几个"懂得"他的人，这次得到卢伟元的仰慕和鼓动，顿时心生触动，从而一鼓作气，写成了洋洋三大卷的《寰天图说》。

李明彻不鸣则已，一鸣惊人，三大卷的《寰天图说》，上卷讲太阳系各大行星的运行和昼夜节气的变化；中卷讲著名星宿的运行轨迹，下卷则专讲地理，洋洋数十万言，地球、日月、星辰、雷雨、地震、潮汐等方面的内容无所不包。《寰天图说》还附有大量地图，既有全国地图，又有分省地图，根据甄鹏的研究，李明彻在绘制这些地图时，完全突破了传统思维的束缚，采用了最先进的经纬线制图法，其成就也超越了同时代的成果一大截。总之，作为广东古代唯一一部天文学专著，《寰天图书》填补了历史的空白，李明彻埋首经典，默默无言仰望星空的一生，至此奏出了最高亢的音符。

巧用市场杠杆　缓解百姓饥荒

意大利著名小说家卡尔维诺写过一个名篇，题为《树上的男爵》，主人公柯西莫一辈子生活在树上，他在树上阅读、恋爱、感化强盗、指导人们兴修水利，在行将老年之时，抓住远处飞来的一个热气球，消失在天际。他的墓志铭上写着："生活在树上——始终热爱大地——升入天空。"卡尔维诺写就的墓志铭有着强烈的隐喻意味，我却惊讶地发现，用这句话来形容李明彻的一生，还是挺恰当的。他大半生隐逸山林，数十年如一日仰望星空，却还是有着强烈的人文关怀，这"热爱大地"的一面，在1826年应对大旱一役中显露无遗。

彼时，年过七旬的李明彻经卢伟元推荐，已入了两广总督阮元的幕府。他所撰写的《寰天图说》也经阮元资助，刊印出版了。1826年春，广东出现了彗星现象，根据传统占星术，彗星往往预示着战乱，阮元也担心出现兵灾，因而十分忧虑，赶忙去征求李明彻的意见。李明彻虽然是个道士，却压根不信占星术那一套，他经过严密推测，告诉阮元，彗星并不会预示兵灾，反而是大旱之兆，必须未雨绸缪，想出应对之策。

天若大旱，粮食必然歉收，供应必然紧缺，粮价必然飞涨，百姓就要遭殃。李明彻向阮元建议的应对良策，就是增加大米供应，平抑市面米价。为此，李明彻打起了洋商的主意。当时，洋米的价格比土产大米便宜一半左右，但按照朝廷的规定，洋商将米运抵广州销售，只能空船回去，所以洋商的积极性不够。李明彻就建议阮元上奏朝廷，不但免了洋米的进口税，还准许米船回程时可搭载货物出口，这就大大提高了洋商的积极性，一时间，澳门与黄埔进口的洋米就达到10万多担（合1万多吨）。后来，阮元还下令本地商人大举采买洋米，以备不时之需。当年秋天，广东果然出现了严重的旱情，幸亏早有应急预案，才没有造成严重的饥荒。全真教派向来讲究"真道""真知""真行"，李明彻利用市场杠杆，平抑米价，缓解了饥荒，完全无愧于先祖王重阳的教诲。

1832年，年过八旬的李明彻安然告别人世，"升入天空"，与先祖王重阳、丘处机相会去了。我好奇的是，他会不会拿着自己的《寰天图说》，与两位先祖夜以继日地讨论自己的宇宙理论模型呢？毕竟，这才是他的至爱，而他也因为这样的热爱，度过了美好的一生，不是吗？

一个生于岭南的晚清秀才，却对数学、光学、力学、天文学、地理学倾注了全部的深情，并成为横跨几大领域的通才，在中国科学史上留下了极其闪亮的一笔。这样的奇迹，到底如何成为可能？

邹伯奇：
苦并快乐着的晚清科学达人

　　"生命太短暂，所以不能空手走过，你必须对某样东西倾注你的全部深情。"这是1997年诺贝尔奖获得者朱棣文在某一年对哈佛大学毕业生所做的演讲中的一句话。不知道为什么，当我查阅两百年前广州科学先驱邹伯奇的相关资料时，这句话反复在脑海里出现。在那个绝大多数人压根不知科学思维为何物的年代，"科学家"绝不是可以拿来显摆的职业，但他仍孜孜不倦地钻研数学、光学、力学、天文学乃至地理学，乐此不疲地研制照相机、气压计、日夜晷、天球仪和太阳系表演仪等科学仪器，在把自己锤炼成与世界同步的百科全书式奇才的同时，也将邹家原本丰厚的钱袋子折腾得差点见了底。只有"深情"二字，才能解释他"苦并快乐着"的一生；只有"深情"二字，才能解释他在如此贫瘠的土壤中所取得的成就；也只有"深情"

二字，才真正值得今日之科学家和教育家们学习和反思。

晚清秀才　科学王国里起舞

今天，如果自家的孩子拿了物理学国际大赛的奖项，父母肯定会笑逐颜开，因为这表明孩子会有一个锦绣前程。把时光倒推两百年，情况就完全不同了。你很难想象会有中国小孩托着腮帮子坐在树下，苦苦思考苹果为什么会掉到地上的问题。就算真有特聪明好奇的孩子，想安安静静做几道有难度的算术题，也多半会挨上父母的一顿笞骂：不多背几篇八股文，考个功名光宗耀祖，反而去整这些没几个人看得明白的"闲篇儿"，不是自个讨打嘛？不说别人，就拿晚清名臣曾国藩来说，小儿子曾纪鸿酷爱数学，他压根没给什么鼓励，不过是没有阻拦打压而已，这样就成了现在历史学者眼里不可多得的开明父亲，可见数学家在当时的地位实在太低，压根入不了主流人群的法眼。再翻翻本土地方志，狐仙蛇妖的传说占了不小的篇幅，科学家的故事却几乎没影，倒不是当时一个"科学工作者"都没有，而是这个团体实在太不显山露水，而且也没几个人理解他们工作的价值。

邹伯奇就是在这样贫瘠的土壤里成就自己的科学传奇的。1819年，邹伯奇出生在南海县泌冲一个教书人家。要说他真是非常幸运，父亲和外祖父都是修为深厚的"数学爱好者"，给了他当时少有的数理启蒙教育，这可以从他"自童年，九数之学即承庭训"的自述中得到印证。这个早慧的少年表现出了极其罕见的探究精神，用同时代大儒、其知交好友陈澧的话来说，邹伯奇"读书遇名物制度必究，昼夜探索，务得其确，或按其度数，绘为图，造其器验之，涣然冰释而后已"。正因热爱探究，他发现古代"诸经义疏"中的算学错误后，就开始孜孜不倦研究数学；而一般人司空见惯的湖光塔影，又引起了他对光学的兴趣。要知道，他开始研究光学的时候，不过才17岁。

这么一个满脑子是"为什么"的天才少年，如果非要他一头扎进科场，靠死记硬背的八股文混个功名出来，那可就太"毁人不倦"了。还好，没人非逼着邹伯奇通过科举的路子光宗耀祖，他的最高头衔不过是个生员（秀才），而据学者陈志国、倪根金的研究，这还是因为当时的广东学政戴煦见邹伯奇精通训诂之学，见解独到，雄辩滔滔，才将他破格提拔进官学的，之后他再未踏入科场一步。

把邹伯奇这样一个身着长袍、头戴瓜皮帽的晚清秀才，比作科学王国里的一个停不下脚步的孤独舞者，听上去很不搭调，却也符合事实。因为在自然科学几乎被知识界全然漠视的时代背景之下，他却在数学、光学、力学、天文、地理等诸领域都取得了不错的成就。根据学者李迪和白尚恕的研究，在数学上，邹伯奇曾写了《乘方捷术》一书，深入介绍了乘方、开方和对数的知识，还自己设计了对数表和刻算板；在力学上，他找到了求解各种不规则形体重心的方法，用两位学者的话来说，这一成就虽算不上世界最高水平，但也已十分突出；在光学上，他独立研制出了中国第一台照相机，其研究几乎与欧洲同步；在天文学上，他计算了自1861年开始的若干年内五大行星的运行情况，还绘出了两幅巨大的"赤道南、北恒星图"；在地理学上，他率先采用经纬法画出了全国地图，并将经过北京的一条经线定为本初子午线，后来他还把自己发明的照相术率先用在了地图测绘上。说实话，任何一个现代科学家，只要在以上任何一个领域做出成绩，就足可"笑傲江湖"了，百余年前的一个民间学者，却可以成为横跨几大科学领域的通才，的确是个奇迹。

有趣的是，邹伯奇一生"好覃思而懒著述"，留下的成书寥寥，大量遗稿只为备忘而记，拉拉杂杂，很不系统。这一点，倒与文艺复习时期的最伟大通才达·芬奇有得一拼。后者既是人类历史上最伟大的画家之一，同时还是卓有成就的数学家、物理学家、天文学家、地质学家、水力学家、建筑学家、解剖学家……成就之高，令人仰止。达·芬奇除了不成系统的《达·芬奇笔记》之外，少有著述传世。达·芬奇生活的文艺复兴时期，是世界科学初迎曙光的年代；邹伯奇生活的晚清年间，是中国近代科学初迎曙光的年代；他们一个生活于贸易发达、中世纪的观念桎梏渐次松动的佛罗伦萨；一个生活于商业繁荣、儒家传统观念桎梏悄然松动的广州。邹伯奇的科学成就，当然远不能与达·芬奇相提并论，但这样惊人的相似之处，是否意味着某种历史的必然？

痴迷实验　研制仪器一箩筐

既然提起了达·芬奇，不妨说一说曾被文艺青年热捧的美剧——《达·芬奇的恶魔》。在这部"神剧"里，牛气冲天的青年达·芬奇研发大型炮弹，发明照相术和照相机，试造原始飞行器，捣鼓1.0版潜水服和潜水艇，总之是上天下海，无所不能。电视剧当然免不了夸张，但达·芬奇留下发明创造无数，却是史实。翻开后人整理出版的《达·芬奇笔记》，看一看他研制设计的"祖宗级"自行车、悬挂式滑翔机、升降机、降落伞、嵌齿轮、风速计和潜水呼吸器……种类之多，足可令人目瞪口呆，由此可见达·芬奇动手实践科学理论的巨大热情。

本来是为了写邹伯奇，结果又扯到达·芬奇身上，当然不是因为他们的名字里都有一个"奇"字，而是因为邹伯奇对科学实验的痴迷程度，也与达·芬奇有得一拼。他兴趣广泛，设计发明了大量的科学仪器，其中最著名的，当属中国第一台照相机。按中国自然科学史专家戴念祖的研究，邹伯奇在用透镜取火的时候，突然脑中灵光一闪，开始研制起了照相机的"鼻祖"——暗箱，当时他刚满26岁。不过，若不是在光学研究上花了近十年的功夫，邹伯奇不会有这"灵光一闪"的时刻，比如，像你我这样的普通人，脑中"灵光一闪"，多半就只会想着周末去哪里撮一顿，绝不会想到什么科学发明。

在一份遗稿中，邹伯奇详细叙说了暗箱的制作过程：找一个木箱，前端开孔，安一个凸透镜，箱中放一张白纸，木箱后端再开一孔，将木箱后半部分用黑布蒙上，将凸透镜对准要"拍摄"的对象，影像就会清晰地出现在白纸之上。这一发明看似简单，但从墨子做出"小孔成像"的实验，到利用光学原理做成暗箱，中国人花了两千年的时间。

暗箱研制成功后，邹伯奇开始孜孜不倦地寻找感光材料。他的配料清单上有鸡蛋清、食盐、松香炭、火酒、鹿角汁、红信石、铁锈水、银粉、桃树胶、苦木胶等数十种材料，其中一些还取自岭南特有的植物。再看西方，1839年，法国人达盖尔发明了"银板照相术"，将涂抹了感光材料的银铜合金板置于暗箱之中，拍出照片；1847年，欧洲人又发明了"玻板照相术"，用玻璃板取代了银铜合金板。欧洲照相术的发明与改进日期被记得清清楚楚，但学者要考证邹伯奇发明"玻板照相术"的具体日期，却是非常困难。戴念祖先生也是费了好大一番周折，才推测出邹伯奇应该是在1846—1850年中的某一年，用"光药水"和"鸡蛋胶"独立发明了玻板照相术，这一时间点几乎与欧洲不相上下。

照相机是邹伯奇最广为人知的发明，此外，他发明的科学仪器与其理论研究如影随形，遍及各领域。换言之，邹伯奇痴迷于研制科学仪器，其目的就在于验证基础理论，这是科学精神的真正体现。在天文学上，他以自己绘制的赤道南北恒星图为蓝本，制成了一台高约半米的天球仪，当时哥白尼的"日心说"才传入中国不久，他率先运用"日心说"，制造出中国第一台太阳系表演仪；在物理学上，他造出了水银流溢式取准器、气压计（邹称其为"风雨针"）；在测量学上，他造出了多种日晷，设计时还特意考量了广州的磁偏角问题，使日晷的测时十分精准……种种发明，尽显奇思妙想。

如果放在当代，像邹伯奇这样创造了多个"第一"的发明家多半不用为科研经费发愁，可在一百多年前，他痴迷于科学仪器的研制，真是在跟自己的钱袋子过不去。作为一个民间学者，邹伯奇几乎不可能获得任何资金支持，科学实验又相当烧钱，邹家在南海有房有地，原本是个小康之家，可到了邹伯奇手里，日子越过越穷，昔日的"高富帅"不得不穿上布衣，嚼起菜根。可就算这样，邹伯奇仍两度拒绝了出仕的邀请，守着一堆手稿和实验材料过日子。直到现在，绝大多数人将他的选择解读为甘于淡泊，清苦守志，我不揣冒昧，觉得假如邹伯奇听到这样的言论，定会一笑置之。虽然身处南海这个弹丸之地，但他的心灵可以在广阔的太阳系里徜徉，这样的日子，快乐还来不及，哪里用得着"清苦守志"？

可惜的是，邹伯奇只活了50岁就早早辞世了。历史没有假如，所以我们不能问，如果他从事科学研究的土壤不是那么贫瘠，资金支持不是那么稀缺，生活不是那么清苦，工作不是那么艰辛，他是不是能够做出更大的贡献。可以肯定的是，这个晚清年间的乡绅，对科学研究倾注了全部深情，由此达到了常人难以企及的高度。其实，就算到了现在，人们如果没了这份深情，哪怕外部环境再好，又能做出什么有价值的贡献呢？

> 1910年6月5日,第一个全国性的商品交易会——南洋劝业会在南京揭幕,李任重精心挑选了一批显微镜参展,居然获得了金牌奖。那一年,他才29岁。而广州作为第一台国产显微镜的诞生地,在科技史上留下了永不磨灭的记忆。

李任重:
首造显微镜的"文科生"

在网购大潮里跌打滚爬多年的"剁手族"们对"预售"二字一定不陌生,每年"双十一",买家们就像鹭鸶一样伸长了脖子,等待卖家发货。其实,"预售"并非像我们想象的那么新鲜,早在一百多年前,广州有个"文科生"就搞起了"预售",他卖的可不是一般的商品,而是达到了国际先进水平的显微镜,这个显微镜还是他自己独立研制出来的,后来还在近代第一个全国商品交易会——南洋劝业会上拿了金奖。一个"文科生",居然在全国率先造出了媲美欧美的高倍显微镜,造出来后又满腔热情搞推广,而且十分畅销。这样一个跨越科技与商业的双栖天才,也只有在广州这么一个身为海上丝绸之路的起点,因而常常"开风气之先"的地方,才能横空出世吧?

富人重金购"镜"　当成玩具

显微镜是人类文明史上的重大科技发明之一,对医学的发展尤其居功至伟。那么,它到底是何时传入中国的呢?写下了皇皇数卷《中国科学技术史》的史界巨擘李约瑟曾说过,1787年,日本医生森岛中良出版了《红毛杂话》一书,最早介绍了显微镜的知识,此时中国人几乎还不知道显微镜的存在。

不过,再牛的权威也有出错的时候,李约瑟老爷子也不例外。18世纪50年代,澳门(当时还只是广东省的一个县)的前后两任"掌门"——同知印光与张汝霖共同写成了一本地方志——《澳门纪略》,其中写道:"有显微镜,见花须之蛆背负其子,子有三四;见蝇虱毛黑色,长至寸许,若可数。"仅从这一叙述来看,250多年前的广东人不仅知道显微镜的存在,还用它做过科学观察,比李约瑟提到的那位日本医生还早了30多年呢。

广东人能"先行一步"认识显微镜,当然与广州是海上丝绸之路起点的优越地位息息相关。那时,几乎所有的西方科学仪器都是搭乘洋船在广州登陆,然后"一路向北",往内地传播的。不过,李约瑟老爷子闹出这个大乌龙,也不能说完全没有理由。从250多年前传入中国,到19世纪末,整整一个多世纪,在绝大多数人眼里,显微镜就是一个昂贵的大玩具,了解其科学用途的人少之又少。1892年1月18日的《申报》刊登的商品广告,就曾把显微镜与八音盒、洋琴一同归于"玩好类"商品。有些富家少爷一掷千金，买来能放大数百倍甚至上千倍的显微镜，因为不会用，又嚷嚷"不好玩"，闹着要退货，想想真有点暴殄天物。

"镜"入课堂　助力医学

看到太多土豪重金买来显微镜，没几天玩腻了又束之高阁，有位科学界人士终于坐不住了。1898年，来华工作的英国传教士傅兰雅撰写出版了《显微镜说》，采用"图文并茂"的方法，一点点介绍显微镜的原理、使用方法和用途，这也是国内出版的第一本详尽介绍如何使用显微镜的书籍，影响十分深远。对不少富家子只求最贵、不求实用的"豪气"，傅兰雅也悉心劝告说，医生和微生物学家才需要放大数百倍的显微镜，一般人买来看看蚂蚁跳蚤，长点见识的，放大几十倍就可以了，显微镜越贵越不好用，一心贪图"最贵"，最后免不了扔到博古架上任其吃灰。

19世纪末，随着新式学堂和医院在广州不断增多，越来越多的显微镜开始被用于科学观测与治病救人的正途。不过，当时所用的显微镜，仍然是完全从国外进口的，国人要用上自己制造的显微镜，还有待时日。

粤人造"镜"　闻名全国

1907年10月26日，广州双门底大街（今北京路）点石斋商店门口热闹非凡，几乎每个顾客手里都拿着一张预售券，他们一边往里走，一边嚷嚷着："给我一台，给我一台！"原来，这里正在举行中国有史以来第一场国产显微镜促销活动，40银元一台的价格比起洋货可是便宜多了。

据一个月前广东提学司的奖励声明,当时日本制造显微镜,还必须从西洋进口凸透镜,而广州制造的第一代显微镜,所有构件全都实现了国产化,而且放大数百甚至上千倍毫无压力,完全有底气与欧美的产品一争高低。价格如此便宜,质量又是杠杠的,难怪第一批本土显微镜上市没多久,很快就卖断了货。

说来令人惊讶,成功研制出第一代国产显微镜的,居然是广州的一个"文科生"。这个人名叫李任重,早年潜心钻研经史,后来进入汕头岭东同文学堂,开始接受新学知识。1900年,19岁的李任重从学堂毕业,来到广州西村蚕业学堂任教。在工作中,他时时都要用到显微镜,因为选种、防病、观察蚕丝、检查桑叶,都离不开它。时间一长,李任重就动了研制显微镜的念头,因为不仅蚕业需要显微镜,生物、化学、医疗、冶金与机械都用得着。倘若真能制出中国第一台显微镜,实在是一件让人想想都兴奋的事。

于是,刚刚20岁出头的李任重一头扎进了显微镜的研制中,废寝忘食查文献,通宵达旦做实验,经过数年努力,终于研制成了可以放大数百甚至上千倍的显微镜。你或许会问,一个"文科生"怎么能取得这样了不起的科研成就呢?其实,我也不是特别能明白个中原因,但我想,李任重一定是个自学能力超强,而且相当耐得住寂寞的人,否则山一样的科学文献他怎么看得下去,一个接一个的镜片他又怎么磨得下来?

1907年9月,李任重将自己研制的显微镜报送广东提学司,获得了极高的评价。1907年10月,他在西村创立大光社,开始批量生产显微镜。为了筹到第一批资金,他想出了一个天才的主意——搞预售。他以大光社的名义售出了200张预售券,言明消费者若购买预售券,可享9折优惠。李任重在闹市没有自己的店铺,就委托双门底大街的点石斋商店代售。由于李氏显微镜物美价廉,购买者纷至沓来,生产的第一批显微镜很快就卖断了货。后来,李任重又花了一年的功夫,研制出了可放大百倍的显微镜,这种显微镜十分容易操作,且成本大大降低,售价只有5个银元,甫一上市,又大受欢迎。

1910年6月5日,第一个全国性的商品交易会——南洋劝业会在南京揭幕。李任重精心挑选了一批显微镜参展,居然获得了金奖,这个广东小伙的名声不胫而走。那一年,李任重才29岁,就获得了"中国新显微镜制造家"的殊荣;而广州作为第一台国产显微镜的诞生地,在科技史上留下了永不磨灭的记忆。

他绘就的时事漫画《时局图》,震惊无数世人,后来更进入了历史教材。但在他看来,空有一腔热情,不算真爱国,只有苦研科学、增进中外文武知识,才是"尽心爱国"的必由之路。所以,他同时成了醉心科学的中国飞艇设计第一人。

谢缵泰:
中国飞艇设计第一人

"沉沉酣睡我中华,哪知爱国即爱家。国民知醒宜今醒,莫待土分裂似瓜。"乍一提这首诗,大家肯定会觉得很陌生,但说起跟这首诗搭配在一起出版的漫画,我们却多半在中学历史课上学到过,在这幅名为《时局图》的漫画上,象征俄国的黑熊盘踞在东北;象征英国的犬霸占了长江流域;象征美国的老鹰口衔星条旗,从太平洋彼岸飞扑过来……这幅警世漫画曾在清末风行一时,它的作者,就是此文的主角——中国航空先驱谢缵泰。

谢缵泰不是书斋里的科学家,作为早期兴中会成员,他先后参与了孙中山先生策动的广州起义和惠州起义,同时还在报纸上频频发声,鼓吹革命。不过,在他看来,空有一腔热情,不算真爱国,只有苦研科学、增进中外文武知识，才是"尽心爱国"的必由之路。正是基于这样的非凡见识，这个热情的"革命吹鼓手"，同时成了醉心科学的中国飞艇设计第一人。

投身革命　立时代潮头
苦研飞艇　成航空先驱

热情洋溢的革命者与醉心研究的科技先驱这两种身份的叠加，是谢缵泰引起我兴趣的诱因。他祖籍广东开平，1871年出生于澳大利亚悉尼的一个华侨家庭，父亲谢日昌曾是志在"反清复明"的洪门长老。由于家教影响，谢缵泰从小就对清廷没有好感。1887年5月，16岁的谢缵泰返回国内，进入香港皇仁书院读书，在这里他结识了一群胸怀大志的青年同道。1890年，这十几个年轻人一起成立了旨在讨论时局、开启民智的小团体——"辅仁文社"，谢缵泰反清救国的道路就此铺开。

据资料显示，"辅仁文社"的纲领就是谢缵泰拟定的，内容只有几条：一是纯洁品行；二是禁染恶习；三是为未来青年做表率；四是经种种可能，增进中外文武两种知识；五是获得西方优秀科学文化；六是尽心爱国。细读这一社纲，我们可以发现，身为洪门长老之后的谢缵泰，其理想早就超越了父辈"反清复明"的境界，他是要为彻彻底底的变革而奋斗了。

在这个纲领的观照下，谢缵泰既热心革命，又醉心科学研究的行为就在逻辑上统一了。1895年，他参与策划了兴中会成立以后的第一次反清起义——广州起义，并在报章上频频发声，争取民众支持；1900年，他又参与了惠州起义；1903年，他还联手香港富商李纪堂，谋划再次在广州武装起义，因被人告密，功亏一篑。

　　武装反清，屡败屡战，可见谢缵泰对革命的满腔热情，那一幅在当时即已震惊无数世人，后来更进了历史教材的《时局图》，就是他为鼓吹革命而一举绘成的，难怪人们说他"在制造革命声势上尽显所长"。

　　谢缵泰热心革命的勇气固然令人钦佩，但能被我们称呼一声"先生"，显然还是因为他有更卓越的贡献，这个贡献就来自当时大部分先知先觉者都不曾关注的航空领域。

　　在谢缵泰的时代，航空技术在世界领域都是个新生儿。1852年，法国人吉法尔驾驶人类第一艘飞艇上天，航行了28公里。1898年，法国人杜蒙第一次把汽油发动机用在了飞艇上，创造了若干飞行记录。就在同一年，德国人齐柏林制造出了长达百米的"硬式飞艇"；1909年，齐柏林成立了世界上第一家民用航空公司。到了"一战"期间，飞艇更执行了大量轰炸、巡逻和侦查等作战任务。至于莱特兄弟发明飞机后，飞艇最终"淡出江湖"的历史，是另外一个复杂的故事。但在飞艇技术尚在襁褓中的年代，谢缵泰就意识到了这一新生事物的军事价值，一头扎了进去，从1894年开始，苦心研究数年，他终于设计出了中国第一架飞艇，我们也不得不佩服他敏锐而超前的眼光。

设计飞艇：
命名"中国号"　寄托赤子心

根据相关学者的研究，谢缵泰的飞艇设计方案，就算拿到当时世界上最为优秀的发明家面前，也不会有多逊色。

如果你留心过早期飞艇的图片，就会发现，它一般分为两个部分，上半部分是一个硕大的气囊，里边充满了比空气轻的氢气或氦气；气囊下方是一个吊舱，吊舱里安装动力装置和操纵设备。这种飞艇虽然结构简单，但动力十分有限。再看谢缵泰的图纸，飞艇全由铝合金材料制造，连大气囊也用铝合金包了起来，这样在战争时就可以抵御炮弹的进攻；此外，飞艇前后端各有一个螺旋桨控制进退，艇面上还有多元个螺旋桨实现升降。按照谢缵泰的计算，飞艇顺风时每小时能飞100公里，就算是逆风，一小时也能飞60公里。

20世纪20年代是飞艇业迅速发展的黄金时期，大名鼎鼎的"齐柏林伯爵号"的平均飞行时速也只有110公里。将这些数字放在一起比一比，说谢缵泰的设计居于世界领先水平，一点也不算夸张。

难怪有学者说，如果不是当时中国如此积贫积弱的话，谢缵泰完全可以成为中国的齐柏林。谢缵泰对自己的设计也非常满意，他郑重地将这一心爱之作命名为"中国号"，以体现对祖国的一片赤子之心。

时代遗憾：
关心者寥寥无几　发明胎死腹中

遗憾的是，谢缵泰虽然设计出了飞艇，但根本没钱把它造出来。他也深知清廷上下不会有人对此感兴趣。无奈之下，他将一系列的图纸和详细的设计方案寄往国外，委托英国友人发表。

谢缵泰的设计方案在国外获得了相当的肯定，据说到了1910年，有英国人按照他的方案，设计出了飞艇，参加了当年的伦敦飞行比赛，可惜这架飞艇肯定不会被命名为"中国号"了。对此，当时国内有媒体这样评论："吾国之工艺不振久矣，而其咎实国家与社会共尸之，始之无教育，继之无辅助，终之无保护，宜其终古无起色也。即如谢君之制造，外人方且详纪其事，极口赞叹，而吾国上下乃若不知有其人，并若不知有其事。呜呼，欲以提倡实学振兴工业，难哉！难哉！"

"中国号"飞艇胎死腹中，可以说是时代的必然；但谢缵泰在投身革命与醉心科学之间寻找平衡的努力，至今令人钦佩。"飞艇设计第一人"的事实更使他在历史上留下了属于自己的痕迹，而这一切都来自他的一份赤子之心。

> 他是我国植物分类学的重要开拓者和奠基者之一，早在20世纪30年代就已蜚声中外。抗战期间，他忍辱负重，历尽艰危，保存了中山大学植物学研究所的全部标本，使中国植物学研究得以不坠，被誉"厥功甚伟，其心良苦、其志堪嘉"。

陈焕镛：
爱背莎士比亚的植物学家

1920年的一个夏日，一位青年植物学家被人们用担架抬出了海南岛五指山，他患着疟疾，高烧40多度，浑身上下都是蚂蟥叮咬的伤口，左手肿得如冬瓜一般，神智昏迷，衣衫破旧，看上去真像一个野人。而把时光倒推一年，他还是在哈佛留学的岭南佳公子，在风景宜人的阿诺德树木园研读植物学的同时，还享受着古典音乐和莎士比亚戏剧的陪伴。让他心甘情愿在尚未开发的五指山居留的，是这里无比丰富的植物资源，短短10个月，他就采集了几百号标本，发现了不少新物种。

他叫陈焕镛，我国植物分类学的重要开拓者和奠基者之一，早在20世纪30年代就已蜚声中外，被国际学界公认为"华南植物学研究的一流人物"。他一生苦恋岭南草木，因之付出了巨大的代价,抗战期间,为了守护心爱的标本,他冒着生命危险,奔波于省港两地,并抱定了"人在物在,物亡人亡"的决绝之念。从某种意义上说,他痴爱的岭南草木,真像"冤家"一般,把他折磨得一直不得安宁;可也正是这个"冤家",让他度过了比常人美好得多的人生。

青年时代:
哈佛邂逅故土植物　种下一世草木情缘

陈焕镛是个名副其实的岭南佳公子。他出身名门,父亲陈言是香港第一家华文报纸——《华字日报》的创始人,与晚清名流王韬、伍廷芳等人颇有交情。后来,陈言受清廷委派,赴古巴担任总领事,在这里迎娶了第四位侧室——西班牙裔女子伊丽莎。1890年,伊丽莎在香港生下了陈焕镛,他也是陈言的第十三个孩子。据说,陈焕镛在哈佛大学读书的时候,几乎人人都很喜欢他,就是因为他从西班牙裔母亲那里遗传了"热情又亲切"的性格。

这样一个"国际化"的家庭背景自然也决定了陈焕镛比同时代人远为"国际化"的人生,但那个"救亡图存"的大时代又赋予了他一颗极为真切的"中国心"。1905年,15岁的陈焕镛远赴美国读书。中学毕业后,他先是在马萨诸塞州农学院学习森林学;1915年考入哈佛大学,攻读硕士学位。

在今天读者看来,森林学是一门挺冷僻的学问,但在青年陈焕镛眼里,学习森林学是他为国效力的可行之道。1911年,他在学生刊物上发表文章,论述"森林学在中国的重要性"。他说,"不加选择地砍伐森林已使整个省份变成荒野",中国因而需要大量的森林学者来教育民众,并利用西方科学的长处恢复生态,以免"洪水泛滥和不良气候"毁了中国。100年后的今天,中国的环境问题依然严苛,而陈焕镛在21岁时写下的文字仍颇有可取之处。这也不奇怪,经由苦心思索悟出的真知灼见,其实并不容易过时,相反,它往往可以超越时代。

根据相关资料,陈焕镛在哈佛的大部分时光是在阿诺德树木园度过的。阿诺德树木园建立于1872年,经过数十年的苦心经营,已成为欧美最知名的中国树种研究中心,收集到的中国植物比任何一个西方国家植物园都要多得多。陈焕镛入读哈佛的目的,就是要充分利用这些材料,用他自己的话来说:"在这里花费几年时间所见识的中国树木,如果在国内的话,也许要用一辈子考察才能见识到。"

如果我们置身陈焕镛所处的情境细细体会他的心情,面对着大量自己闻所未闻的故园草木,一定是"又惊又喜,又爱又恨",喜的是故土的植物资源如此丰富;惊的是自己对它们的了解却如此之少;爱的是无数被严谨整理和鉴定过的标本充满了"理性之美";恨的是在自己的故土,这些草木从没得到过相同的对待与呵护,以至有心研究者不得不远赴外邦,否则就得在黑暗中摸索。有了这样的体会,再来看他此后为了研究故园草木,一生尝尽艰辛而从不言悔的人生选择,就觉得是再自然不过的事情。

标本情痴：
"孤胆"勇闯海南岛　重病被人抬出山

1919年，陈焕镛从哈佛大学毕业。当年秋天，他带着从学校获得的500美元奖学金，匆匆回到国内，孤身一人进入海南岛五指山区，开始在这个西方植物学家还未涉足的"处女地"寻宝。要说，这个时候的陈焕镛还真有点堂·吉诃德的勇气，除了一本探险手册和简单的采集工具，他压根就没有别的东西"护身"，却要和数不尽的毒蜂、蚂蟥、细菌与病毒作战。他原本计划在海南岛逗留一年，可10个月后因为营养不良，又染上了恶性疟疾，高烧到40多度，左手肿得像冬瓜，最后不得不被人用担架抬出山区。不过，就在这10个月里，他采集到数百号植物标本，发现了不少植物新物种，这里的一草一木终究回报了他的勇气和深情。

在陈焕镛与岭南草木的"恋爱"中，始终贯穿着这样的勇气和深情。1922年，他和曾同在哈佛求学的植物学家钱崇澍，以及学生秦仁昌（亦为著名植物学家）组成了一支考察队，深入神农架一带，风餐露宿，采集了8000多号植物标本，这也是中国植物学家第一次自行组织的大型考察；1928年，他从南京东南大学转入中山大学任教，创办植物研究所，5年之后，研究所馆藏的标本超过了6万号，他自己都难掩欣喜，称"环视国内各植物标本室，实未遑多让"；研究所草创之初，经费捉襟见肘，他把自己数千银元的薪金和补助费都贴进去不算，还努力奔走"化缘"；他的研究所一早就为标本的采集、修剪、制作与鉴定制定了一套科学规范的管理流程，其严密程度与现代计算机管理极为相似，令前来参观的国际同行衷心佩服；他在植物分类学上造诣极深，可每次就新发现撰写论文时，还是要反复推敲：在发现了"植物界的熊猫——银杉"之后，他纵然满怀欣喜，也还是极为审慎，光是银杉部分结构的解剖特征，他就整整推敲了两年……本来嘛，面对自己的"一生挚爱"，怎么会有一丝一毫的怠慢与疏忽？

战争时代：
数年忍辱负重　保住半生心血

不知道后来历经坎坷的陈焕镛回想起20世纪30年代意气风发的自己，会是怎样的心情？会不会在不由自主叹息的同时，依然带有几许甜蜜？那个年代真是他无可置疑的黄金岁月。

那时候他已声名鹊起，从1930年开始，他多次在国际学术会议上崭露头角，典雅的英文讲演和严谨的学术研究赢得了国际同行的普遍尊敬，被公认为"华南植物研究第一人"，而他的努力更为我国科学家加入国际植物学会创立了开端。

那时候他梦想正炽，仅1928—1934年，他就在广东采集了近3万号植物标本，因为他一直想要"出版一本高水平的广东植物志，收集并栽种尽可能多的珍稀植物，保护它们不至于绝灭"；他还率先创办英文学报，因为他觉得"科学是一个世界性的整体"。

那时候他被热爱他的学生围绕，后来蜚声中外的植物学家秦仁昌、蒋英、陈封怀、方文培等人都出自他的门下。他英文绝佳,莎士比亚的作品倒背如流。一次曾以《森林与诗歌之美》为主题进行英文演讲,其文辞之优美令学生如醉如痴,他的学生、著名林业学家徐燕千教授到了耄耋之年还撰文说他"永志不忘"。

写到这里的时候,我不禁在想,如果战争不来该多好?可惜历史从来没有假设,而在战争的铁蹄之下,手无寸铁的科学家又是如此弱势。1938年广州沦陷前夕,陈焕镛深感局势动荡,就把研究所里的图书、标本和仪器分批运至香港九龙自家所有的小楼中,继续工作。谁料不到3年,太平洋战争爆发,香港亦被日军占领,这些千辛万苦保存下来的心血之作眼看又要落入敌手。陈焕镛与在港同仁本可逃亡,但他哪里舍得下这十多万号植物标本和数千册珍贵图书呢,"只有物亡我亦随物亡,物存未敢先求去"是他唯一的念头。后来,他几经周折,终于设法将标本运回广州,安置在岭南大学(当时改名为广东大学)校园内,他自己则被任命为广东大学教授。为了保护这些标本和仪器,他身处沦陷区,既不能"以死明志",又不能"慨然求去",内心的屈辱和煎熬实非常人可以体会,可为了保全他"毕生的挚爱",他也只能忍辱负重,"暂且偷生"。

抗战胜利后,陈焕镛"如囚出狱,重见天日",将所有的标本、仪器和图书清点后如数归还中山大学(广东岭南大学于孙中山先生去世后,改名为中山大学)。他一直感慨自己"对抗战工作愧无建树,然保存本所文物,自谓尽心",幸好尚有读懂其苦心者在。在时任中山大学农学院院长邓植仪写给校长王星拱的信中有这么一段,说陈焕镛"忍辱负重，历尽艰危，完成本校原许之特殊任务，保存该所全部文物，使我国之植物学研究得以不坠，且成为我国植物研究机关唯一复兴基础，厥功甚伟，其心良苦、其志堪嘉"。这样的评价，总算给了备受质疑和煎熬，并因之身心俱疲的陈焕镛一点点温暖和安慰。

（本文部分内容参考了胡宗刚先生《植物学家陈焕镛家族的现代职业追求》和《抗日战争后陈焕镛为保存植物标本遭受指控案》二文，特此致谢。）

其他篇

性痴则其志凝。
故书痴者文必工,艺痴者技必良。

——清·蒲松龄

> 既然在现实世界里很难再有作为,不如用文字为自己构建一个精神家园。当屈大均在书斋里坐定,看着窗外亭亭如盖的芭蕉、果实累累的荔枝树和浓荫蔽日的榕树,想起自己对广东"汉唐以来诸书,悉沦于草莽,文献无稽,岂非后死者之大惧乎"的遗憾,是时候拿起笔来,为弥补这个遗憾做点事了。

屈大均:
十年心血 熬出岭南百科

"广东居天下之南……天下文明至斯而极,极故其发之也迟,始然于汉,炽于唐于宋,至有明乃照于四方焉,故其天下言文者必称广东……"每次读到清初屈大均先生为其巨著《广东新语》写的序言,我眼前就会出现一个目光热切,恨不得向天下人高歌一曲"谁不说俺岭南好"的可爱老夫子形象。屈老先生学养深厚,当然不会真用什么通俗小调来表达他对岭南文化的热爱。耗费他半生心血,写尽岭南人文掌故和山川风物的《广东新语》,才是他写给家乡的真正"情书"。时隔300多年后,这封"情书"引领着我慢慢发现了广州这座城市特有的温润与美丽。

所以,我想写一写这个可爱的老夫子。对岭南文化的一腔深情,对百姓生计的真诚关怀,以及不避艰辛、不惮劳烦的治学态度，最终将他炼成岭南士大夫的典范。虽然有点担心自己粗糙的文字会怠慢了他，但我希望能有更多的人知道他的故事。想来，一向斯文儒雅的屈老夫子定会原谅我的失礼。

最爱南粤：
深情款款写岭南　百科宝典垂青史

说起屈大均先生的代表作《广东新语》，今天的读者大多会觉得陌生，但这本书在古今学界可是大名鼎鼎。与屈老夫子同时代的学者称赞它"岭海人文，其光明俊伟，瑰丽多奇，与此得其大概，其文足以传世"，今天的学者则说它将"广东天文地理、历史人文、民俗风情、传统工艺乃至商业习惯"悉数载入书中，是名副其实的岭南百科全书，行文优雅，数百年来无出其右。

学者的评价总是文绉绉的，其实我们只要自己翻一翻《广东新语》，就能发现屈老夫子耗费了多少心血。这部多达28卷的皇皇巨著，有"天语""地语""山语""水语""石语""神语""诗语""艺语""食语""货语""宫语""舟语""禽语""兽语""香语""草语"……只要是与岭南风物相关的，不管你想得到想不到的，屈老夫子都写到了。如果你能静下心来读几段内文，或许也会觉得，这本岭南百科宝典，的确是屈老夫子写给家乡的"情书"，他写素馨，说是"半吐在斜阳，穿灯处处光"；写糖梅，说是"以朱瑾花和盐曝之，其色可爱"；写果栏，说是"四时间百味芬甘"；写广东土产棉布，说是"细腻精密，皑如雪，轻如兰纸"；写香云纱，说是"五丝八丝广缎好，银钱堆满十三行";连写把蒲葵扇,他都说是"玉莹冰柔,胜于他扇"……屈老夫子就这样把自己对家乡的深情细细织进了字里行间。

文艺复兴巨匠达芬奇说:"爱是认知的女儿";现代文学家林语堂说,一个人写作的最大动力是爱,而爱产生于理解。其实,这两个人说的是一个意思,那么我们不禁要问,屈大均是一个什么样的人?有着怎样细密的心思?他如此深爱岭南,仅仅是出于本能的乡情,还是因为其对岭南文化有着更深刻独到的理解?

书香世家:
严父教子重经典　师从名家涉猎广

根据学界的研究,明清时期,广东的名门望族修族谱时,流行拉一个来自中原的名人充作先祖,以光耀门楣。在这一点上,屈大均也没能免俗,他一向自居为屈原的后裔。其实,他与屈原究竟有无血缘关系,学者也无从考证,但南海屈氏本来家境不错,只是到了屈大均的父亲屈宜遇求学之时,家道中落。屈宜遇出于生计考虑,放弃举业,改行做了医生。

屈宜遇是个好医生,不管白天黑夜,只要患者家属来请,他都会持药前往。虽然从医,但他酷爱读书的习惯一直没有改变,屈大均说,父亲常教导他"吾以书为田,将以遗汝。吾家可无田,不可无书"。作为一个被贫穷阻断了"仕进"之路的传统读书人,屈宜遇把梦想寄托在了屈大均身上。每个夜晚,屈大均都要就着母亲纺线的昏黄灯光读书;

第二天一早，再到父亲跟前背诵。我们不知道屈宜遇到底给儿子开了什么样的书单，但像张九龄、韩愈、邱浚、陈献章等岭南先贤的名作，应该是他的必读书目。

屈大均的青年时代是在越秀山上的书院度过的，老师陈邦彦是岭南一代大儒。陈邦彦主张读书应当经世致用，不愿用酸不溜秋的八股限制学生思维。屈大均曾在回忆陈邦彦的诗歌里写道："捭阖阴谋传鬼谷，支离绝技学屠龙。天下山川能聚米，壮夫词赋薄雕虫……"说实话，读着这首诗，想起自己几乎被各种习题窒息了的求学时代，我对屈大均真有点"羡慕嫉妒恨"，好想早生300年，跟着他在越秀山上纵览诸子百家，苦研兵法谋略，醉里挑灯看剑，趁兴游遍南粤。话说回来，也许就是在这个时候，屈大均渐渐熟稔了岭南的天文地理和山川风物。

游历中原：
反清复明交名士　如数家珍说故乡

屈大均是一个传统儒生，清军攻破广州后，他跟很多读书人一样，矢志"反清复明"。从17世纪50年代开始，他开始游历中原，结交名士，联手抗清。后来，屈大均在《广东新语》的序言里说："予尝游于四方，阅览博物之君子，多就予而问焉。予举广东十郡所见所闻，平昔识之己者，悉与之言。"顾炎武与屈大均交情最深，每当顾炎武问起岭南风物时，屈大均总是如数家珍。看顾炎武为屈大均写下的诗句，"何期绝塞千山外，幸有清樽十日留。独漉泥深苍隼没，五羊天远白云秋"，两人"对酒当歌"时，除了抗清大业，屈大均津津乐道的岭南话题，应该也使顾炎武大大开了眼界。

我虽然晚生了300多年，也远没有屈夫子博学多识，可对他说起广东风物时兴奋不已的心情，却也能体会一二。我还只不过是岭南文化的初学者呢，每当有来自"中原"的朋友人云亦云地说广州没文化，我都想掰着手指，跟他说上三天三夜。屈夫子生于南粤，其心情更比我急切百倍。用他自己的话说："广东者，吾之乡也。一桑梓且犹恭敬，何况文章之美乎？"热爱桑梓是出于天性，钟爱"文章之美"是出于深刻的理解，他之所以在中原名士面前毫无保留，"悉与之言"，就是为了使"天下人得见岭海之盛于其文也"。

倾心写作：
万里归来双鬓白　遍考方志著奇书

1657年屈大均第一次游历中原时，还不到30岁；之后的20多年间，他多次离家北上，与家人聚少离多；直到1681年，他已年过半百，这才在家乡安顿了下来，再也没有出过远门。

纵观中外历史，政治理想破灭后埋首写作的知识分子比比皆是。既然在现实世界里很难再有作为，不如用文字为自己构建一个精神家园。当屈大均在书斋里坐定，看着窗外亭亭如盖的芭蕉、果实累累的荔枝树和浓荫蔽日的榕树，想起自己对广东"汉唐以来诸书，悉沦于草莽，文献无稽，岂非后死者之大惧乎"的遗憾，是时候拿起笔来，为弥补这个遗憾做点事了。

屈大均写作《广东新语》的态度是极端严谨的，清兵劫掠之后的广东，文献散轶，他"近而穗城，远而琼甸，乃此兵火之余，搜罗残缺"，搜集可用的资料。《广东新语》的写作耗费了十多年，真是用心血熬出来的。

由于屈大均家境贫困，《广东新语》在他有生之年一直无法刊印。1696年，63岁的屈大均病逝。4年后，他的挚友终于找到了愿意刊印《广东新语》的书商，这一部由大儒写给南粤家乡的"情书"才得以问世。如果泉下有知，看到《广东新语》流传下来，成为备受珍视的岭南百科宝典，屈老夫子定会微微一笑，觉得自己没有白过一生。

梁廷枏探索西方未知世界所取得的认识的确令我仰慕不已，但这还不是让我最惊讶的，真把我"震"住的，是他关于建设无敌舰队的构想。

梁庭枏：
徘徊于古典与新知之间

"诗才愧非斗石量，顾曲便叶宫与商。先人蔽庐未就荒，有酒在樽琴在床。三百六日花代香，二万余卷匀丹黄。唐宋书画汉瓦当，金吉石乐堆瑶箱……"这是近代岭南先贤梁庭枏为自己庆生写下的一首诗。梁庭枏被公认为探索西方未知世界的先驱之一，但在这首诗里，他将心灵安放于一个华丽的古典世界，生活得如此优雅而舒展。千百年来，这个古典世界一直是中国最优秀的知识分子的灵魂家园，一直到梁庭枏的年代，它才开始和以坚船利炮为表象的另一个世界发生碰撞，像梁庭枏这样的先知先觉者只得暂且放下琴棋书画，尽心尽力学经济、学海防，学着穿过重重迷雾，认识那个未知的世界。

在这两个世界最初相遇时，梁庭枏已将他能做到的做到了最好,而在这两个世界相遇两百多年后,我们如何尽自己的一份绵薄之力?

心灵诗意栖居　华丽古典世界

时下,各种装腔指南在社交网络上甚为流行,比如,"发酒店照片一定要在子夜,背景起码要套房或行政酒廊;品牌不能在四季以下",比如,"每个月在微博上谈论一次古董,点缀几个专业词汇",再比如,"坐邮轮旅行,攒一护照本的签证来晒"……这类装腔指南的火速走红,只说明了一点,钱包刚刚鼓起来的国人对优雅和上流的追求有多么饥不择食。

不过,如果我们能够穿越时空,把这类装腔指南给梁庭枏这样的世家子弟看一看,那它们马上就成了暴发户的笑话。在那时候,略有些文化的人家都会在一诗一画、一曲一赋中养成真正的品味,而不会把"树小墙新画不古"当成可以炫耀的资本。根据学界的研究,梁庭枏的家族虽然不像《红楼梦》里的贾家那样钟鸣鼎食,却也是个在珠三角颇有根底的书香世家,就像梁庭枏自己在诗里说的,"有酒在樽琴在床""三百六日花代香""唐宋书画汉瓦当,今吉石乐堆瑶箱",由诗词曲赋和金石书画构成的古典世界,使他的生活优雅得如此自然,不必装腔作势,更不必炫耀人前。

哲学家海德格尔有句广为流传的名言:"人,诗意地栖居。"用这句话来形容梁庭枏早年的求知生涯,也蛮合适的。梁廷枏曾回忆说,其父辈崇尚俭朴,吃穿用度都不讲究，但在书籍、字画、碑帖上却相当舍得花钱，日积月累，收藏越来越丰厚。梁氏家族热衷收藏的目的，绝不止于藏品本身，而是要给子孙后代营造一个良好的教育环境，使他们能够"耳濡目染于博雅之林"，成为可造之材。

得益于良好的家学渊源，梁廷枏在戏曲、音律、金石学等方面都取得了不俗的成绩，刊行的各种著作约有十多种。金石学是极精深的考据之学。清代考据学是显学，大批学者一头扎进古代青铜器和石刻碑碣之中，逐件逐字进行考证，以达到证经补史的目的。梁家费尽心机，搜罗了那么多"唐宋书画汉瓦当"，也有学术研究的目的在。梁廷枏的成绩足以让父辈骄傲，1818年，他刚满23岁，就刊行了自己的第一部著作——《金石称例》。

梁廷枏的戏曲研究和创作也一直为学界津津乐道，甚至还有人专门拿出王国维的《宋元戏曲考》，与梁廷枏所著的《藤花亭曲话》一一比较，有根有据地提出，梁廷枏的诸多言论是王国维的灵感之源。戏曲评论的学问太深，我不敢随便乱说，在此只想说一说梁廷枏创作的几部戏曲——《昙花梦》《江梅梦》《圆香梦》和《断缘梦》。据说他为了与汤显祖的"临川四梦"争胜，还给这几部作品取了个名，叫"小四梦"。其实，我全无资格判断"小四梦"是否与"临川四梦"有得一拼，只是觉得梁廷枏的创作动机很有意思。比如，他创作《江梅梦》是因为"冬暖漏长，戏成此作"；创作《昙花梦》，是因为"秋风钝甚，病逐愁来，枯坐风旬，无可驱遣"。想一想，我病了只会蒙头大睡，人家梁公子在病榻上却用诗词曲赋打发光阴，境界之高下判若云泥。

探索未知世界　谋划联合舰队

如果时代不发生巨变,梁廷枏本可像他崇拜的韩愈、苏轼等诸多前辈一样,在那个华丽的古典世界里消磨一生。虽然生活或许有起有落,仕途或许顺畅或许坎坷,但诗词曲赋与书画碑帖总会给他们提供一个心灵的避难所。可是,在梁廷枏生活的时代,不远处的天际线上早已出现了西人兵船的影子。伶仃洋面上,鸦片趸船配备了最先进的火炮,天天炫耀武力;1834年,更有英国军舰擅入黄埔岛,水师费了好大一股劲,才将其赶出珠江水域。洋商与本地官员的冲突更是频频发生,双方多次几近兵戈相向,战争阴云密布。

就在英舰擅闯黄埔岛的那一年,39岁的梁廷枏中了举人。第二年,他受两广总督所聘,担任海防书局总纂,开始组建团队,编写《广东海防汇览》。根据学者丁宁的研究,梁廷枏编纂此书时,"沿秋溯夏,其间抽毫瞑写,发胠晨批",勤奋到极致。《广东海防汇览》完稿后,他又被聘为粤海关志局总纂,开始纂写《粤海关志》。第一次鸦片战争爆发后,他凭借丰富的海防知识,成了林则徐的得力智囊;战败后,他痛定思痛,搜集一切可以搜集到的素材,凭借深厚的考据学功力,一一考证西方诸国的历史地理、政治经济和军事文化情况,终于写就皇皇巨著——《海国四说》。尽管在纂写这些著作的同时,他一直对那个没有坚船利炮的美好古典世界念兹在兹,但在完成这些著作以后,他无疑已率先"转型"为探索西方未知世界的先驱之一。

如果我们置身于梁廷枏当时所处的情境，用心体会开始动摇的古典世界和失衡的价值观给他带来的巨大情感冲击，我们就不难对他在"转型"过程中时时表现出的愤怒、怀疑和纠结感同身受，也就不难理解他为什么会在《粤海关志》里厉声质问洋人"世沐皇恩"，却为何天良丧尽，大肆"吐蚩尤之雾而煽鲸鲵之波"；他又为什么会在考察由利玛窦传入的"五大洲"说时半信半疑，既认为其荒诞不经，可又觉得"名列为图，实指其地，似亦非全无根据"。

放眼历史，要人们勇于承认事实，从来就不是件容易的事，否则就不会有那么多忠于真理的先知给烧死在火刑柱上了。所以，梁廷枏越是惊讶、怀疑和纠结，我就越是对他孜孜不倦探究事实的努力钦佩不已；而他最终取得的成就也告诉我们，不管一个人的内心有多么纠结和痛苦，只要坚持探究事实，就会走得比预想的更远。根据学者王聿均的研究，梁廷枏在考证英国历史时，以中国朝代为参照，竟把自西汉哀帝（前7）到清道光十八年（1838）这近两千年来英国王室之更迭弄了个清清楚楚、明明白白；在考证美国建国史时，他除了在英美停战的年份上摆了乌龙外，对其他情况的叙述也很简明确凿；考证世界地理时，他已大致了解欧陆各国的位置，对西班牙、葡萄牙、荷兰和英国的海上争霸大赛更是了然于胸；在研究西方的法律制度时，他发出了"法也者，民心之公也……取彰明较著而行之，实事求是而证之"的高论，就算放到"以法治国"的今天，这一认识也不算落后，更不用说在当时，那是要惊掉很多人的下巴的。

梁廷枏探索西方未知世界所取得的认识的确令我仰慕

不已，但这还不是让我最惊讶的，真把我"震"住的，是他关于建设无敌舰队的构想。他在第一次鸦片战争后写就的《夷氛闻记》中建议，由广东、福建、浙江、江南四省各自抽调精锐海军，组成一支由专人统领、拥有百艘战舰的万人舰队，日夜巡逻四省海域，以防英军大举内侵。我有些怀疑，梁廷枏的这一构想，是否受到了西班牙和英国海上争霸大战的启发，奈何才疏学浅，也无法进行验证。据说，梁廷枏为了实现建立无敌舰队的梦想，到处游说地方大员，还真有一些人被他说动了，他为之四处奔波，采买材料，物色工匠。可惜，建设这么一支无敌舰队，需调动的资源极为庞大，远非几个地方大员能左右，梁廷枏的梦想不久就被现实击得粉碎。中国近代海军的创建，还得再等上近半个世纪。

> 图书馆是他一生的爱人。在他眼里,"她"温文尔雅,满腹珠玑,博古通今,而且对世间所有人一视同仁,恩惠并施。所以,他不但日日与"她"相会,夜夜做梦也忘不了她。为此,他用一生的努力,兑现了这一份爱的诺言。

杜定友:
一生痴恋图书馆

"她以娇贵之躯,随我过患难的生活,十年如一日,怜我怜卿,形影不离。我们虽无闺房之乐,却有神圣之爱,即使将来万一遭遇不幸,因为环境的侵略,经济的压迫,不得不离异,但是我的心,还是永远爱她……"看了这几行半文半白、情意绵绵的文字,你会不会觉得这是哪位民国才子写给爱人的情书呢?其实,这封情书的作者是中国近代图书馆事业的奠基人之一杜定友先生,20世纪二三十年代,他曾历任广东省图书馆、广州市立师范学堂校长和中山大学图书馆馆长之职,而这份情书的接受者,却并非一个真正的妙龄女子,而是杜先生睡里梦里都忘不了的图书馆学。他回忆录里出现频率最高的一句话就是:"不给我办图书馆,我连饭都吃不下。"而他在烽烟下守护的一本本珍贵典籍、培养的一个个青年才俊和写下来的一部部巨著，不过是为这份"真爱"下了极其生动而又深刻的注脚。

改造藏书楼　对公众开放
不办图书馆　饭也吃不下

在写作过程中，我有幸认识了好多个在岭南百年文化史上留下足迹的先生，他们大多学贯中西，温文尔雅，让你倾心仰慕的同时，却又难免生出几分敬畏之心。可翻开有关杜定友先生的史料，我看到的是一个满脑子奇思妙想的"老顽童"，而且看的资料越多，就越觉得他可爱，恨不得穿过时间的长河，与他对坐倾谈，探寻图书馆学的奥秘。

杜定友先生原籍南海西樵，但上海开埠之后，他祖父就北上谋生了，后来杜父在上海以照相为业，杜定友就出生在照相馆里。1918年，他从上海南洋公学毕业后，被学校保送进入菲律宾大学，攻读图书馆学专业。杜定友在一篇自传性的文章——《我与图书馆》一文中写道，当时国内压根没几个人听说过图书馆学这门学问，因而，他与图书馆学结缘也全凭"父母之命"。可一旦认识了图书馆学，就无可救药地爱上了"她"，因为"'她'温文尔雅，满腹珠玑，博古通今，而且对世间所有人一视同仁，恩惠并施"，所以他不但日日与"她"会晤谈心，夜夜做梦也忘不了她。先生的文字既幽默又深情。在菲律宾大学就读3年，他夜以继日地学习，拿下了文学士、教育学士和图书馆学士3个学位，用自己的行动，履行了对图书馆学最初的"爱的诺言"。1921年，杜定友学成归国。不久，他受许崇清先生邀请，来到广州，执掌当时新成立的市立师范学校校长；后来，他又受聘为教育厅督学和广东省图书馆馆长。在这

3个职位中，前两个是实职，每月都有真金白银进账，图书馆馆长则是个一文钱没有的兼职，可杜定友最看重的就是这个职位。

广东省图书馆本由广雅书局的藏书楼发展而来。当时国内就没几个人知道图书馆学也是门学问，南粤也不例外。在杜定友"入主"之前，广东省图书馆其实不过是一座藏书楼，几个前清遗老在这里当馆员，每天拍拍苍蝇，十分清闲。杜定友一进图书馆，就大举采购新书，登记造册，并向公众开放。这些现代派的做法在当时一下子捅了马蜂窝，遗老们痛斥他"斯文扫地"，放纵贩夫走卒辱没典籍，罪过堪比"焚书坑儒"的秦始皇。在一片反对声中，杜定友还进一步"改制"，打破传统的"经史子集"分类，代之以规范的图书分类法。这下更激怒了一众社会名流，康有为放出风声，要找人杀了他；章太炎的兄弟章籈则讥讽他"姓了杜，就盲从杜威"；还有人说他"长于美洲，不识中文"，把图书馆办得"一塌糊涂"。这班遗老告了一年多的状，终于把杜定友拉下了马。

本来，对杜定友来说，馆长之职是个不拿薪水的兼职，被免了也丝毫不影响生活。可那时的他，已经成为"不办图书馆，饭也吃不下"的"情种"。于是，他将薪酬丰厚的校长与督学之职一并辞掉，北上上海追寻自己的图书馆事业。直到1927年，他才再度返粤，出任中山大学图书馆馆长。

"推销"图书馆　像唱独角戏
甘心"侍候"人　不愿做高官

在杜定友生活的年代,知识界没几个人知道图书馆学是一门专门的学问,也不知道图书分类、编目和检索里边都有很深的学问。可是,杜定友先生又跟所有陷入热恋中的人一样,恨不得全天下的人都知道他"爱"上的是怎样一位知性可爱的"姑娘"。于是,他见人就说图书馆,碰到聪明热情的年轻人,就想把他们培养成图书馆事业的可用之才。不过,杜定友对新生的图书馆事业虽是一片"痴情",却一点也不盲目。他深知,中国文盲众多,欲建文明社会,就要先开民智,欲开民智,必要依赖图书馆。如果图书馆不对普通民众敞开大门,开启民智就永远是空谈。他也深知,要推进图书馆事业,必得先推进图书馆学教育。就这样,他像一个热心的布道者一样,一有机会就向人"营销"图书馆学,而多年如一日的热情布道,最终使他成为公认的一代图书馆学教育大家。

杜定友在自传里说,他作为知识界的新秀第一次对公众亮相,就是在市民大学演讲"图书馆与市民教育";第二次在广东高师讲"明日之教育",也有一大半内容与图书馆的功能有关。1921年,他甫任广州市立师范学校校长,就增设图书馆学为学校的必修课,这在国内是首创之举;1922年,他又以省教育委员会图书业务委员的资格,创办广东图书馆管理员养成所,由于理解他的同仁寥寥无几,因此他自嘲是在唱"独角戏"。不过,一场"独角戏"唱下来,他也为广东各县培训了近60名馆员,算是开了办国内短期图书馆学校的先河。之后20多年间,他又多次在广东举办图书馆学讲习班和训练班,甚至在抗战期间也没有中断培训。其间,南粤图书馆事业"从无到有",门可罗雀的藏书楼对平民读者缓缓打开大门;开架阅览、学术演讲和各种展览也为普通民众打开了"一线天"。如果没有杜定友这个"无一日不在艰苦奋斗中"的拓荒者,这些进步未必全不可能,但也一定会来得更晚一些。

又有一句话说,当一个人真正爱着的时候,会把自己放得很低很低,甚至会低到尘埃里。用这句话来形容杜定友对新生的图书馆事业的热爱,除了有一点俗气之外,是再合适不过了。"图书馆学铺路人""教育大家"是后人对他的客观评价,而在他自己眼里,他十几年如一日的工作,其实质就是"侍候人",不过,这"侍候人"的工作,他干起来可是甘之如饴。用他在回忆录里的话来说,每一个到图书馆里来的人,都是自爱自好的人,他们不是为了分数,不是为了文凭,而是为了自学,为了进步,或者为了正当的消遣。为了这些可爱的读者和可爱的书,他不忍离开他们。每一个读者来借书,他都会诚恳地为其服务;有一本书在架子上没放好,他都会亲手去放好它。

事实上,杜定友从教多年,学生中也出现过不少飞黄腾达的大人物,他若想谋一份优差,本也不是很难的事。可他只愿意拍读者马屁,一说到当官,就视若畏途。他钟爱自由,白天出去选购图书,晚上回家还要办公,兴致来了还会通宵写作。有时,他钻在书堆里工作一整天,谁也不知道他在哪里,就算蓬头垢面,也不必担心外人对自己的印象。"这种独乐乐是一般人享受不到的,无官一身轻。"杜定友先生在回忆录里幽默地说。

其实，说到底，离开他心爱的图书馆，他是一天都活不下去的，要不他怎么会老把"不给我办图书馆，我就连饭都吃不下"这句话挂在嘴边呢？当然，有付出就有回报，根据他的回忆，1918年全国只有169个图书馆，到1936年这个数字增加到了2500多个，这数量的增加并不是他个人的力量，但他的确也尽了心力，足可安慰平生。

一代大家：
涉猎之广　著作等身

除了有形的成就，杜定友还留下了约600万字的图书馆学论著。根据相关学者的研究，这些论著涉及范围包括图书馆学理论、图书分类学、汉字排检法、图书馆建筑与设计等多个领域，其涉猎之广，为近代图书馆学研究史上所罕见，说他是一代大家，的确毫不夸张。更令人感叹的是，杜先生这数百万字的著作，都是在繁忙的日常工作之余，挤出时间来写的。晚餐后坐定动笔，直到凌晨两三点才搁笔，是他一贯的做法。如此勤奋笔耕，一半是因为热爱，一半是因为责任，因为当时"图书馆事业在国内还处于萌芽时代，专门研究图书馆学的人寥寥可数"，为了解答同仁在实务中的疑问，也为了发展心爱的图书馆事业，他就这样"豁出去"，日复一日，拼命写作。回想他这股"拼命三郎"的精神，再想一想他曾对图书馆写下的"我的心将永远爱她"的诺言，这份时时刻刻体现在行动中的深情，又怎能不让人动容呢？

> 他是出身优越的岭南佳公子，本可雍容优雅度日，偏偏对岭南的万千蚕农倾注一腔深情；他尽心尽力，推进粤丝改良、乡村建设与平民教育；他从未允许自己的双脚离开岭南大地，就像安泰不允许自己离开大地母亲。

廖崇真：
为改良粤丝倾尽心力

"在这个饱受战争之苦，全球陷入经济萧条的时代，人很自然地开始思索生命中更深层的问题。我们能否减轻这个世界的苦难？与其将七成多的收入用于军事储备，是不是应该将更多资金投入教育和其他建设项目？通过现代科学的发展与进步，人类应当有能力使其自身摆脱古老的苦力以及自然条件的束缚，然而，不幸的是我们的道德规范与理念仍然停留在原始状态……"你会不会觉得，这样充满了深邃哲思的文字，一定出自某位安居于书斋中的哲学家之手？其实，这段文字的作者是一个不折不扣的实干家。20世纪30年代，广东丝业因世界经济危机而一落千丈，蚕农和丝织工人生活无依，无奈"卖儿鬻女，啼饥叫寒"，正是他临危受命，领衔广东的蚕丝改良运动，靠着捉襟见肘的一点经费，改进蚕桑，发展副业，尝试小额贷款，推广平民教育，为改善民生倾尽心力。

他出生优越，天资聪颖，又是康奈尔大学的高材生，本也有在"太太的客厅"里纵论天下、雍容度日的资本，但他从未允许自己的双脚离开岭南大地。这样一个高贵而谦卑的人，就是20世纪30年代粤丝改良的核心人物——廖崇真。

丝业一落千丈　先生临危受命

廖崇真是个出身优越的岭南佳公子，他的父亲廖德山曾与孙中山一起就读于博济医学堂，后来还加入了兴中会，辛亥革命后一度被孙中山聘为大元帅府的顾问。廖德山一生信奉"科学与教育救国"，早在1889年就与一些志同道合的朋友筹资创办了培正书院，廖家的孩子们则个个在岭南大学接受西式教育，并先后到美国留学，其中就包括廖崇真。1923年，26岁的廖崇真从岭南大学毕业后，考入康奈尔大学农学院；1926年取得硕士学位，随即学成归国。

廖崇真学成归国之时，广东的丝织业还在努力抓住"黄金时期的尾巴"。"洋船争出是官商，十字门开向二洋。五丝八丝广缎好，银钱堆满十三行。"这首广为传唱的竹枝词说的是广缎持续数百年的辉煌传奇，而20世纪初，恰逢"一战"正酣，衣物原料紧缺，广东丝织业再遇良机，各地乡民争先恐后，种桑养蚕。根据《广东省志·丝绸志》的记载，到20世纪20年代，广东生丝产量在全国"三分天下有其一"，鼎盛辉煌之势，令人刮目相看。

可惜,"黄金时期的尾巴"绝难持久,随着1929年世界经济危机的爆发,广东丝织业也迅速被拖入泥沼。根据统计数据,1933年广东生丝出口量比1930年跌了一半不止,1934年的数字更是少得可怜。生丝出口急转直下,本地丝织工旋即失业,而昔日争着种桑养蚕的乡民更是无奈"卖儿鬻女",产业崩溃造成的凄惨景象,令人唏嘘。廖崇真就是在广东丝业一落千丈的情境之下临危受命,出任广东蚕丝改良局局长,承担起改善民生之责。

其实,在廖崇真出任局长之前,广东蚕丝改良局已存在了10年,经历了3任局长,但由于政局动荡,经费拮据,几乎没有做出什么实质性的贡献。廖崇真上任之后,经费依旧捉襟见肘,但在相同的局限条件下,有人心生悲观、消极等待;也有人永不言弃,咬牙坚持。在康奈尔大学求学时就将"人类一家,所有人乃'一树之叶,一园之花'"奉为毕生理念的廖崇真显然属于后者,他就像沙滩边捡起贝壳一个个往海里扔的孩子,抱着"能做多少做多少"的想法,开始了既阻且长的粤丝改良征程。

力推平民教育　得梁漱溟赞赏

认真考量廖崇真改良蚕丝业的各种努力,你会发现,它们是经过审慎设计的系统工程,其间蕴含着改善蚕农生计、开启民智乃至推进乡村建设等多重目标。彼时,由知识精英主导的乡村建设运动正在全国渐次展开,其中教育大家梁漱溟在山东的"新农村建设"最为引人注目。不过,当梁漱溟听说廖崇真在岭南乡村进行的诸多实践后,又惊又喜地说，他自己梦寐以求的理想农村，竟在广东一些地区实现了。梁漱溟一生骄傲，并不轻易夸人，他这毫不吝惜的赞赏，也可佐证廖崇真的苦心与智慧。

改良茧种是这项系统工程的根基。在廖崇真的主持下，蚕丝改良局苦心研究数年，并多次派员北上，考察江浙至山东一带的蚕种，最终研制出"制丝一担可省成本百元"的优质蚕种，并以成本价推广给蚕农。这种改良蚕丝，既有传统粤丝的光泽与柔软，又具备日本丝的强韧，粤丝织不了丝袜的尴尬历史不仅宣告终结，国际竞争力也因之大增。而廖崇真在其间付出的努力，写起来只有平淡无奇的几行字，但持续数年考察、实验、比较和斟酌所耗费的心血，大概只有"事非经过不知难"这一句话可以形容了。

指导乡民从传统的桑基鱼塘里挣足每一分钱则是这项系统工程的经济智慧之所在。在廖崇真的主导下，蚕丝改良局为乡民制订了详尽的副业计划，蚕蛹蚕粪可以用来养鱼养鸭，一到冬天，桑基上则可以种植杂粮。改良局想尽办法，在全国搜罗了各类优质粮种，以极其低廉的价格提供给乡民，这样就算乡民养蚕失利，也不至于冻着饿着。就连乡民平常当柴烧的桑枝，到了廖崇真这里，也成了颇有利用价值的宝贝，既可以用来造纸，又可以用来制作牙签、编织筐篮乃至各种手工艺品。改良局还专门派出教员，深入四邻八乡指导。这些措施看起来琐碎，但其实都经过了非常详尽和科学的规划，而且，如果内心没有对底层民众真正的关切和同情，绝难把每一个细节筹划周全。从这个意义上说，制订这样一个看似琐碎的计划，非但没有屈才，反而是他在岭南大学和康奈尔大学苦学的真正意义所在。

大力推行小额贷款　利息低到近乎慈善

尝试小额贷款,让最底层的贫民支付得起必要的改良成本,是这项系统工程的最大创新。在廖崇真的筹划下,蚕丝改良局与广东省银行达成合作,只要经过蚕丝局审查和担保的农贷项目,银行就直接发放贷款,且利息低到"近乎于慈善"。据廖崇真昔日助手罗宗晟回忆,有村庄为兴修水利申请了较大数额的贷款,由于蚕丝改良局的全力担保,贷款很快到位,工程竣工之日,廖崇真到现场祝贺,村民沿路排开,向天空鸣枪百响致谢。回想一下这个颇为壮观的场景,再看一看"微众银行""小额贷款"在80多年后的今天的火热程度,我也不得不佩服廖氏眼光的超前。

普及平民教育,进行乡村建设是这项系统工程的理想之光。在廖崇真的筹划下,蚕丝改良局在省城周边乡村建立了一系列模范蚕村。看一看模范蚕村的建设纲领,就是要"灌输科学知识,改进蚕丝技术,创设合理经济组,节省中间虚耗,改良丝织品推广销路,实施生产、卫生、公民教育,组织自治机构,改良乡村风俗……"由此可见,廖崇真改良蚕丝业的目的,绝不止于改善蚕丝质量乃至蚕农的生计本身,而是要用自己信仰的新科学,给他们的心灵也带去光亮。

廖崇真在村里设了模范养蚕室,便于村民观摩和实践,并且还有农科大学的毕业生现场指导。为了便于村民理解,改良局还编写了养蚕"千字文""三字经",推广科学养蚕的知识；蚕农演讲会更是廖崇真的独家发明，用他自己的话说，"蚕农叙集一堂，作公开之演讲，对于作业改善各问题，可提出讨论，有困难处，则共同解决，有优良处，则互相砥砺"，这是开启民智，培育他们参与公共生活热情的良方。改良局还在村里开设了蚕农子弟学校，开设的课程除了蚕桑知识外，还有国语、社会、自然、劳作和体育课，纵然经费长期捉襟见肘，但对贫困家庭的孩子，学校一直坚持免费教育。此外，在廖崇真看来，女子教育绝不可偏废，用他自己的话来说，粤丝改良之成本，关键在于下层蚕农能否普遍接受科学新方法，而新科学方法能否渗透到蚕农家庭，"舍曾受蚕业教育之女子，孰能优为之？"为此，他兴办了冬期蚕业讲习所以及半夜女工训练班，凭自己的点滴之力，扎扎实实地推进乡村女子教育。

  在深入岭南乡间实干的同时，廖崇真从未停止过思考，他曾在一篇随感中写道：通过现代科学的发展与进步，人类应当有能力使其自身摆脱古老的苦力以及自然条件的束缚，然而，不幸的是，我们的道德规范与理念仍然停留在原始状态，结果它并没有从这些发明与发现中受益，为确保世界新秩序的创建，人类必须经历心理上的转变……说实话，这些文字反映出的思考的深度与广度，与同时代优秀的哲学家相比也不逊色；而他"一步一个脚印"的务实精神，又是书斋里的哲学家不能比的。从这个意义上说，这个怀抱高远理想，又不惮于从最底层、最细微处做起的蚕丝改良先驱，既当得起"先生"这样一个让人满怀敬意的称呼，也值得我们在内心默默纪念。

> 人命关天,而法医鉴定结论直接事关人之生死,所以,法医研究所作为法医研究之拓荒者,其历史意义是再怎么强调也不过分的。

罗文干:
助建中国第一个法医研究所

一提起法医,人们总是会想起"让死人说话"这句流行语。有时,当我一边捧着饭碗看《犯罪现场》里法医与受害人头骨"四目相对"的重口味镜头,一边就情不自禁地想起,在七八十年前甚至更早的年代,检验技术远不如现在发达,那时的法医是怎样"让死人说话"的呢?带着这样的问题,我一头钻进了故纸堆,结果不但领教了古代"法医"蒸煮人骨破案的独门绝技,还发现了一个南粤海归助建中国第一个法医研究所,推动近代法医检验技术转型的传奇故事。

古代仵作：
大瓮蒸煮人骨　寻找破案线索

作为一个特别有好奇心的人，十几年前上法学院的时候，我一度动过学法医的念头，后来发现人家只招医学院的学生，而且要苦学5年，什么解剖、病理、毒物、临床、内科、外科都要学，顿时气短了一截。

不过，只是现在做法医才有这么高的门槛，要回到100多年前的老广州，"法医"这个行当主要是由身家清白的农民来干的，而且那时也没有"法医"这个称呼，受衙门派遣，出现场、验伤验尸的差役被称为"仵作"。其实，在当时的殡葬棺材行业，也有"仵作"这个行当，但那不过是替人收尸而已。让人郁闷的是，后者还算是良民，子孙后代可以正常参加科举考试；一旦进了衙门，干了尸检这一行，就成了贱民，四代以内的子孙不能参加科考，而一年6两银子的工食银，只能勉强混个肚饱。所以，不是特别为生计发愁的人，谁也不会想去干这倒霉的差事。

验伤验尸这样专业的事，交给没受过教育的农民，听着实在有点不靠谱。当政者肯定也意识到了这个问题，根据《钦定大清会典事例》，每个州县的仵作上岗前，先发一本我国法医鼻祖——南宋提刑官宋慈所著的《洗冤录》，要求认真学习。可就算是这样，有些仵作因为缺乏心理准备，初出现场时，往往吓得魂飞魄散，有的甚至被惊吓至死，有的去了一次现场就逃之夭夭。说起来，广州毕竟是省城，与其他地方相比，仵作水平更高，胆子也更壮，在《粤东省例新纂》第七卷中就有一篇题为《移借仵作》的文章，其中提到番禺县（昔日广州省城分为番禺、南海二县管辖）仵作，熟谙检验，各州县遇有疑难案件，可以请其参与调查，事毕给予厚赏。

解剖尸体是现代法医的主要业务之一，但在百多年前的广州城里，解剖还是大忌，仵作多是通过尸体表面的检验，来推断其受到的伤害。但若是陈年旧案，尸身已腐烂殆尽，只留下一副白骨，仵作就要施展检骨绝技了。简单来说，就是挖一个地窖，或找一个大瓮，将骨头洗干净后，与醋一起放进去，或蒸或煮，烧滚后再拿出来，仔细检查有无破裂、血痕，骨头色泽有无变化，以推断生前受伤或中毒情况。仔细一想，这个场景还是蛮"重口味"的，不知刚做完骨检的仵作，端起排骨汤的时候会不会有不适的反应？

近代变革：
法医取代仵作　转型举步维艰

到了20世纪初，随着现代医学尤其是解剖学、细胞学和显微镜的传播，由没多少文化的农民仵作来主掌犯罪现场调查，就显得越来越不合时宜。不少喝了洋墨水的海归更是大声疾呼，提议尽快开办法医研究与教育。其实，无论是搞研究，还是办教育，倘若有真正的"实力派"支持，那做起来就容易多了。

说来也巧，在近代法医学拓荒之际，给予其有力支持的"实力派"正是一个广东海归。这人名叫罗文干，是土生土长的广州人，15岁赴英留学，20岁获得牛津大学法学博士学位，回国后历任广东都督司法局长、广东高等检察厅长、司法总长、财政总长等职，真是年少得志。可不久，这位一向贴钱从政的富家子因卷入政治纷争，被人扣了顶"涉嫌受贿"的帽子，在牢内三进三出，虽然最终无罪得释，但监狱的滋味还是让他感慨良多。我想，他后来之所以花大力气助建法医研究所，一来与他的法学素养有关，二来正是这次牢狱之灾让他深感证据之重要。

1931年初，罗文干出任南京国民政府司法行政部长，他慧眼识英雄，相中了曾在德国维尔茨堡大学医学院专攻法医学的"海归"林几，来主持国内第一家"法医研究所"。提起林几，普罗大众知道的不多，但在法医界他可是大名鼎鼎，被公认为中国现代法医学奠基人。要知道，广东第一个获得"法医师"资格、于1935年到广东高等法院担任法医检案工作的陈安良先生就曾受教于林几主持的"法医研究所"。1938年，陈安良获得德国维尔茨堡大学医学院最优等医学博士学位，并在同一年作为中国唯一代表参加世界法医学会，成为终身会员。这是后话，暂且不提。事实上，学界曾有公论：民国初年，制定法律允许尸体解剖，是现代法医学形成的第一个阶段；而法医研究所的成立以及法医人才的培养，标志着现代法医学发展的第二个阶段。一般说来，人命关天，而法医鉴定结论直接事关人之生死，所以，法医研究所作为法医研究之拓荒者，其历史意义是再怎么强调也不过分的。

破案实录：
注重实验　枯骨会"说话"

俗话说，万事开头难。法医研究所的顺利运作，离不开白花花的银子。解剖室，病理实验、毒物分析设备都要花钱，研究所还建造了当时国内鲜见的尸体冷藏柜，而且能够自己制造人和动物的鉴别血清，以及大量我怎么看也看不懂的细菌培养和生化实验，这些开拓性的工作离了钱根本办不成。1934年，林几在研究所创办的《法医月刊》上发表了《法医研究所一周年报告》，称"本所二十一年度（1932）经费预算为五万三千七百八十四元……二十二年度起，因开设研究班招收研究员，所务扩充，各项经费均激增"。这些经费都是由罗文干执掌的司法行政部开支的，换言之，若没有罗文干的支持，法医研究所能不能买得起这么多"高大上"的设备，并在此基础上培养出包括陈安良先生在内的第一批现代法医，还真不好说了。

说实话，作为非专业人士，要在法学研究所处理的上百个疑案中看懂诸多"让死人说话"的技术，真不是一件容易的事。不过，有一个实验我还真看懂了，那就是辨识尸骨上的伤痕。为了识别尸骨上有无伤痕，以及伤痕是生前留下的还是死后遭遇折损的，研究人员先把十几条狗打骨折，然后人道处决，再将骨折处与未受骨折就人道处决的狗的骨折处在显微镜下细细比较，辨识血痕色泽、折损处的细微差别，来得出结论。这一"让尸骨说话"的技术破解了不少疑难案件。不过，在钦佩研究人员付出艰辛努力的同时，我同时也对竭尽全力推动中国法医学进步的罗文干先生充满了敬意。

这个立志"普法于民"的近代法律教育先行者,曾是第一个自费出国留学的状元。留学归国后,他在法政学堂苦心经营6年,播下了第一颗法律精神的种子。

夏同龢:
自费东渡留学 点燃法治薪火

"员肄业法政,原期为国家通达有用之才,允宜乐群敬业,共济时艰,无论官籍民籍及其职位尊卑,必泯化一切阶级门阀界域意见,一堂雍睦,而秩序自存,则他日从事政界,方免官民隔阂之弊……"这段半文半白的话,是我从广东法政学堂的章程里摘录下来的,必须细细研读,才能从中读出办学者对"法律面前,人人平等"的愿望。尽管强调规则与平等的法律精神与"尊卑有序"的传统伦理格格不入,法政学堂首任监督(即校长)夏同龢"普法于国民"的努力近乎于堂·吉诃德与风车作战;但作为南粤第一所法律专门教育机构,广东法政学堂在贫瘠的土壤里播下了第一颗法律精神的种子。

法政学堂开课招生
地方官接触舶来品

要追溯广东近代法律教育的源头，咱们还得提一提成立于19世纪中期的广州同文馆。其实，官方之所以开办同文馆，就是为了培养信得过的外交人才。而要与洋人打交道，就必须了解国际法，所以广州同文馆也开设了《万国公法》《公法会通》等课程。不过，这些课程经常被视为"西艺"的附庸，开课时间很短，没多少人真正把它们当回事，而走科举正途出身的大小官员，除了一小部分热心洋务的人，更将其视为雕虫小技，不屑一顾。

广东法政学堂的开办，却使全省大小官员再也不能小看这些"西艺"附庸了。1905年，科举考试被正式废除，传统读书人顿失晋身之阶，科举正途失去了昔日金字招牌的效应，再加上时值清末新政，办理警政、管理中外商务、铁路、矿业等新兴行业都需要全新的知识，尤其是法律知识。1905年11月，两广总督岑春煊、广东学政于式枚联合上奏朝廷，称"世变日亟，学术日繁，东西各国政治法律颇具深意，多为中国旧日未所有"，故而奏请成立广东法政学堂，以"造就广东全省司法行政官吏"。两人的奏折不到半个月就被批准了，这是继直隶法政学堂之后中国第二所法政学堂，也是南粤第一所法政学堂。

5个多月后，广东法政学堂正式开课招生，全省大小官员开始不得不与民法、商法、刑法、民事诉讼法、刑事诉讼法、裁判所构成法、国际公法、国际私法等一大堆从没听说过的新名词打交道了。我是学法律出身的，以我经常熬通宵学习这类课程的经验来推想,当时那些读惯了四书五经的旧式官吏,一看到这些新名词,肯定大多眼冒金星,甚至想拔腿就跑。

可他们不是想跑就能跑的。根据当时官方的规定,广东大大小小过百地方官,上至道府、下至知县佐杂,不管是实缺还是候补官员,也不管年龄是大是小,除非是在国外学过法政,或者职务重要实在走不开,否则一律要来学堂报名投考。如果该来的不来考,或者考上了逃避上课,都要记过停职,随即强迫入学,不毕业不许恢复官职。不过,有罚就有赏,按照规定,如果学员成绩优异,就有机会升官;如果是候补官员,那也可以优先安排差事。就这样,面对这样"胡萝卜加大棒"的政策,全省大小官员只好勉为其难,开始学习各类让人头晕眼花的中西法律课程。

学堂课程庞杂艰深,管理规矩也颇为严格。学堂章程开宗明义,称"本校为研究法政学而设,各学员随时随事皆应自律于法则之中"。再往下看,不敬师长,蔑视学科、仪容不整、欺负同学、上课迟到、听课不抄讲义、提问不守规则,乃至在课堂内谈笑吸烟,都要记过,记过就要扣分,扣的分多了,就要勒令退学,仕途必定大受影响。难怪《广东文史资料》(1963年第四辑)刊登的一篇题为《广东公立法政专门学校杂忆》的文章写道,学生在课堂外见到洋教习,都要鞠躬行礼;见到华人教习,则要作揖;如果是在课堂内,等老师入座后,大家要一起鞠躬行礼。这些斯文有礼的场景,大概都要拜那严格的管理规定所赐了。

状元东渡　立志普法于民
归国办学　苦心经营六年

作为南粤第一所法律专门教育机构，广东法政学堂的影响不容小觑。据相关资料记载，辛亥革命后，广东各地方法院，从院长到检察长，再到各庭庭长，几乎都是从广东法政学堂（辛亥革命后更名为广东公立法政专门学校）毕业的。可以说，它为广东的近代化培养了第一批急需的法律人才。我们都知道，一所学校要办好，必有一位灵魂人物。早期广东法政学堂的灵魂人物便是其首任监督夏同龢。虽然今天已经很少有人听说过他的名字，但这个立志"普法于民"的近代法律教育先行者，曾是第一个自费出国留学的状元。留学归国后，他在法政学堂苦心经营6年，播下了第一颗法律精神的种子。

说来有趣，夏同龢是1898年，也即戊戌维新之年被钦点的状元，但翻开他应对殿试策问的文章，通篇尽是"致治之道无过于法祖""遵先王之法而过者，未之有也"这样的语调，用我们今天的理解来说，压根就是个反对变法的守旧派。这么一个思想保守的人，何以在数年之后做出自费到日本法政大学深造的决定呢？要知道，他那时已是官至四品的翰林院修撰，又是状元出身，这自费留学的举动算得上惊世骇俗，因而上了当时《东方杂志》的"头条"，被誉为"复能以第一人之清望而入他国学校为学生，其志量加人一等"。这巨大转变的动力来源于何处呢？从其活动年表上看，夏同龢中了状元的第二年，即到广东游历，在这里认识了爱国诗人丘逢甲,并结为一生挚友;随后他又前往澳门,结识了一批维新改良人士。可能是这次广东之行改变了他的思想。

夏同龢只在日本法政大学速成班学了一年,但他优异的成绩令当时的法政大学校长、日本近代法学奠基人之一梅谦次郎印象十分深刻。1905 年 7 月,日本《法律新闻》刊载了夏同龢接受记者采访的笔录,他在其间表达了"使法律思想普及于国民,则国立自强"的救国理念。当年,8 月 29 日,夏同龢编著的《行政法》得以出版,这也是中国最早的行政法学类书籍之一。从此,戊戌状元夏同龢转型为中国近代法律先驱之一。

1905 年年底,夏同龢学成归国,接受两广总督邀请,出任广东法政学堂监督,从此开始了"普及法律思想"的实践。他主持制定学堂章程,将法学通论、比较宪法、民法、商法、刑法、刑事诉讼法等数十门近代法学课程纳入课表;他从日本聘请多名学者来学堂执教,在法政学堂自编的月刊《法政丛志》上,常有外籍教员和学生就法学前沿问题展开精彩答问,颇有教学相长的味道;他期待通过学校教育,使"官绅和谐,推暨于民,或从此一线",这离"法律面前,人人平等"的观念其实只有一步之遥了;为了实现"使国民皆有法律知识"的理想,他甚至还办起了"校外补习班",从而出现了"校内千余人,校外也有千余人接受法政教育,非常繁盛"的景象。

辛亥革命后,夏同龢当选第一届国会众议院议员,从此离开广东法政学堂,法政学堂之后也更名为广东公立政法专门学校,翻开了新的篇章。不过,他培养的毕业生,大多数成了广东急需的第一批法律人才。一个昔日拒"变法"于千里之外的传统读书人,最后却成了将舶来的法律教育引入中国的先驱之一。从表面上看,这样的转变十分戏剧化,但究其原因,不过是他从未放弃忧国忧民的情怀和求真探索的努力而已。不管时代如何变化,这样的品质总是稀缺而宝贵的,这也是我愿意把夏同龢与广东法政学堂的故事写下来的原因。

后　记

　　一个盛夏的午后，与"故纸生香系列丛书"的策划编辑延红、美编刘犇在东山恤孤院路一带的一家开在老别墅里的咖啡馆（春园后街二号）相聚。延红坐在对面安静审稿，刘犇打开她的电脑，向我展示她闭关两个月"熬"出来的封面与版式设计方案。看着古雅而清新的页面在屏幕上一页页划过，我才真真切切感觉到，这一套在我心里无比珍重的丛书真的要出版了，那一刻的心情，真是既喜悦，又忐忑；既期待，又惶恐……所谓喜忧参半，大概是每个新手作者都会经历的心路旅程。

　　2013年4月25日，第一期"广州档案独家解密"版出街，到今天，倏忽已过四年，逾两百期版面、百多万文字见证了我与这座古老的城市"相近、相知、相亲"的美好历程；而今，在延红、刘犇及中山大学出版社诸位老师的鼎力相助下，这些文字终于结集出版，以更优雅精致的方式，成为我写给广州这座心爱之城的一封长长的情书。在丛书即将付梓之际，内心的感激，又岂能用一篇短文道尽？

　　感谢给了我成长和写作平台的广州日报社，感谢李婉芬总编辑、黄卓坚常务副总编辑以及其他领导给予我的鼓励、关怀、指导和包容，使我可以安心埋首故纸堆，一点点去还原这个城市温暖动人的记忆；感谢我所在的部门——夜编中心的诸位领导与同事，他们在日常工作中对我点点滴滴的支持与鼓励，都给了我更多的空间去专注思考和写作；感谢广州市国家档案馆，数年如一日为我提供写作线索，而我，也一直记得他们特意为我提供的那一盏有着"牛津范儿"的台灯，在它温暖的光照下，卷宗上的蝇头小楷都显得格外婉约可爱；同时，还离不开中山大学出版社徐劲社长、周建华总编的大力支持，还有延红、刘犇和中大出版社的诸位编辑老师为"故纸生香系列丛书"付出的心血，以及水上漂木书画工作室的封面题字，只一声"谢谢"，绝不足以表达我的感恩……

因年代久远，无法确认图片作者详情，特此对留下这些珍贵影像的作者，致以深深的敬意。

同时，我也应该对每位读者感恩，谢谢你们付出的宝贵时间。我深知，虽然我早已将广州视为我精神上的故乡，但作为一个"新广州人"，我写给这座城市的"情书"固然殷切真挚，却仍难免稚嫩与欠妥之处。惟愿在今后的日子里，我能对这座城市的过往知晓得更多，理解得更多，并因此对这座城爱得更多。

因为，爱是理解的女儿；而爱了，就必定要传递，要记得。

王月华
2017 年仲夏于丽江花园